저학년
우등생 만들기
퀴즈 잡학백과 사전
지식서관

차례 Contents

내가 읽은 동화책…11

세계를 알자…55

차례 Contents

맹구네 족보

차례 Contents

우주 과학…323

주변의 과학…359

차례 Contents

내가 읽은 동화책

혹부리 영감

퀴즈 A

《혹부리 영감》의 혹을 떼어 준 것은 누구일까요?

① 귀신
② 도깨비
③ 마귀

퀴즈 B

《브레멘의 음악대》에 나오는 동물은 4마리지요. 그 동물은 개와 고양이, 그리고 나머지 2마리는 어떤 동물일까요?

① 꿩과 닭
② 닭과 당나귀
③ 꿩과 당나귀

만화 속의 퀴즈의 답

퀴즈 A

② 도깨비

턱에 혹이 달린 마음씨 착한 할아버지가 나무를 하다 길을 잃어서 사람이 살지 않는 집에서 묵게 되었는데, 추운데다 바람이 불어서 무서움을 잊기 위해 노래를 불렀습니다. 이 노랫소리를 듣고 도깨비들이 할아버지 앞에 나타나서, 그 아름다운 노래가 어디에서 나오느냐고 물어 보았습니다. 할아버지는 거짓으로, 자기의 턱에 있는 혹에서 노래가 나온다고 하였습니다. 그러자 도깨비들이 혹을 떼어 가고 대신 할아버지한테 보물을 잔뜩 주고 갔습니다.

퀴즈 B

② 닭과 당나귀

《브레멘의 음악대》는 그림 형제가 쓴 동화의 하나입니다. 늙어서 쓸모가 없게 된 당나귀와 개와 고양이와 닭이 서로 힘을 합쳐서 도둑을 물리친다는 이야기입니다.

헨젤과 그레텔

문 1

다음 짝 가운데에서 남매가 아닌 것은 어느 것일까요?

① 치르치르와 미치르
② 헨젤과 그레텔
③ 앤과 길버트

문 2

헨젤과 그레텔이 숲속에서 길을 잃고 찾아든 곳은 어디였을까요?

① 인형의 집
② 과자의 집
③ 악마의 집

문 3

치르치르와 미치르는 파랑새를 찾으러 떠났는데, 그 '파랑새'는 무슨 새였을까요?

① 카나리아
② 산비둘기
③ 사랑새

답 1

③ 앤과 길버트

캐나다의 몽고메리라는 여류 작가가 쓴 《빨간 머리 앤》에 등장하는 여자 아이와 남자 아이의 이름입니다. 어렸을 때는 사이가 나빠서 곧잘 싸우기도 했던 앤과 길버트였지만, 어른이 된 후에는 사이가 좋아져서 결혼을 하게 된다는 줄거리입니다.

답 2

② 과자의 집

이 과자의 집은 실은 마귀할멈의 함정이었습니다. 과자의 집으로 두 사람을 유인해서, 잡아먹으려고 했던 거죠.

답 3

② 산비둘기

마법사의 말을 듣고 행복의 파랑새를 찾아나선 치르치르와 미치르는 온갖 모험 끝에, 자기 집에서 기르고 있던 산비둘기가 '파랑새'였다는 것을 알았습니다. 하지만, 진짜 산비둘기의 몸 빛깔은 회색과 갈색이 섞인 색으로서 파란색이 아닙니다.

셜록 홈즈

문 4

명탐정 셜록 홈즈는 어느 나라 사람일까요?

① 미국
② 영국
③ 프랑스

문 5

명탐정 셜록 홈즈의 형님 이름은 무엇일까요?

① 엘큘 홈즈
② 마리크로프트 홈즈
③ 디온 홈즈

답 4

② 영국

셜록 홈즈는 영국의 추리 작가 코넌 도일이 소설 속에 등장시킨 명탐정입니다. 런던의 베이커 가 221B에 살고 있는 것으로 되어 있습니다.

답 5

② 마리크로프트 홈즈

셜록 홈즈는 친구인 와트슨 박사에게조차 가족에 대한 이야기는 거의 하지 않았는데, 형들에 대한 이야기는 했다고 합니다. 홈즈의 말에 따르면, 형 마르크로프트는 홈즈보다도 추리력이 뛰어났다고 합니다.

이상한 나라의 앨리스

문 6

《이상한 나라의 앨리스》의 주인공 앨리스는 어떻게 해서 이상한 나라로 들어가게 되었지요?

① 물고기를 잡으려다 연못에 빠져서
② 토끼를 뒤쫓다가 구멍에 빠져서
③ 넘어져서 정신을 잃고, 깨어나 보니 이상한 나라에 가 있었다

문 7

앨리스가 '이상한 나라'에서 만나지 않았던 것은 다음 중 누구일까요?

① 트럼프의 여왕님
② 체셔 고양이
③ 스핑크스

답 6

② 토끼를 뒤쫓다가 구멍에 빠져서

앨리스가 숲속의 나무 그늘 밑에 앉아 있을 때, 조끼를 입은 토끼가 시계를 꺼내 보면서 황급한 발걸음으로 지나가, 울타리 밑에 있는 구멍으로 뛰어들어갔습니다. 그를 뒤따라 앨리스도 뛰어들어가 긴 터널로 떨어져 내리니, 그 곳은 이상한 나라였던 것입니다.

답 7

③ 스핑크스

이상한 나라로 들어간 앨리스는, 그 곳에서 여러 종류의 생물을 만나게 됩니다. 그것이 트럼프의 하트 여왕과 체셔 고양이였습니다.

아라비안 나이트

문 8

《아라비안 나이트》에 나오는 신밧드는 몇 번 항해를 떠났지요?

① 1번
② 7번
③ 수없이 많이

문 9

《알리바바와 40인의 도적》에서, 보물이 숨겨져 있는 곳의 바위로 만들어진 문을 여는 주문은?

① 열려라, 참외!
② 열려라, 참새!
③ 열려라, 참깨!

답 8

② 7번

《아라비안 나이트》는, 아라비아의 큰 부자 상인인 신밧드가 경험한 7번에 걸친 항해와 모험의 이야기입니다. 출항을 하여 미지의 섬에서 쉬고 있을 때, 갑자기 섬이 흔들리기 시작합니다. 섬이라고 생각했던 것이 사실은 큰 고래였다는 데서부터 신밧드의 모험이 시작됩니다.

답 9

③ 열려라, 참깨!

도적의 뒤를 따라가 주문을 알아 낸 알리바바는, 보석을 차지하여 부자가 되었습니다. 그 사실을 안 형 카심도 보물을 훔치려 했지만, '열려라, 참깨!' 라는 주문을 잊어버려, 도적에게 발각되어 피살되고 말았습니다.

보물섬

문 10

《보물섬》에 등장하는 키가 크고 다리가 하나뿐인 해적 선장의 이름은 무엇일까요?

① 골드
② 실버
③ 프라티나

◐답은 28페이지에

문 11

그리스 신화에 나오는 영웅 헤라클레스가 죽인 메두사라는 괴물이 있습니다. 이 메두사의 머리카락은 무엇으로 되어 있을까요?

① 지렁이
② 뱀
③ 전갈

문 12

가니마르 총경이 기를 쓰고 체포하려고 한, 프랑스 태생의 거물 도둑은 누구일까요?

① 아르센 루팡
② 엘큐르 포와로
③ 헨리 메리벨

◐답은 28페이지에

손오공

문 13

삼장 법사와 손오공 일행은, 현재의 어느 나라를 향해 여행하고 있었을까요?

① 이란
② 중국
③ 인도

문 14

손오공의 머리에 두른 테는 어떤 때 손오공의 머리를 조일까요?

① 손오공이 망나니짓을 했을 때
② 손오공이 몹시 화를 냈을 때
③ 삼장 법사가 위험에 직면했을 때

답 13

③ 인도

손오공은 중국의 《서유기》라는 책에 나오는 주인공입니다. 삼장 법사와 손오공 일행은, 천축(현재의 인도)까지 불경책을 얻으러 여행을 했습니다.

답 14

① 손오공이 망나니짓을 했을 때

망나니여서 삼장법사의 말을 듣지 않는 손오공을 보다 못한 관음 보살이, 손오공의 머리에 금테를 끼워 주었습니다. 그리고 삼장 법사가 주문을 외우면 머리테가 조이는 것입니다.

피노키오

문 15

《피노키오》라는 동화의 주인공 피노키오는, 어떤 때 코가 길어질까요?

① 남의 물건을 훔쳤을 때
② 거짓말을 했을 때
③ 눈물을 흘렸을 때

문 16

피노키오가 놀러 간 나라의 이름은 무엇이었을까요?

① 동화의 나라
② 장난감의 나라
③ 어린이의 나라

답 15

② 거짓말을 했을 때

어느 날 피노키오가 거짓말을 해서, 선녀로부터 금화 네 잎을 훔치려 했습니다. 그래서 선녀는 피노키오를 혼내 주기 위해, 거짓말을 하면 코가 길어지게 해 주었습니다. 그리고 딱따구리가 코를 쪼면 원래 모습으로 돌아갑니다.

답 16

② 장난감의 나라

피노키오는 친구들과 함께 장난감 나라로 놀러 가서, 거기서 당나귀로 변해 버립니다. 그 후에 나무 인형으로 되돌아가서, 고래 뱃속에서 제페트 할아버지와 다시 만납니다. 옛날에 살던 집으로 돌아와, 피노키오는 마음을 고쳐먹고 착하게 살아서, 사람이 될 수 있었습니다.

엄지 공주

문 17

안데르센 동화에 나오는 《엄지 공주》는, 어떤 동물에게 납치되어 강제 결혼을 하게 되었습니다. 어떤 동물이란 무엇일까요?

① 참새
② 개구리
③ 거북

문 18

다음 가운데서 100년 동안이나 잠자고 있었던 사람은 누구일까요?

① 백설 공주
② 잠자는 숲속의 미녀
③ 인어 공주

◐답은 29페이지에

문 19

인간의 왕자님을 사랑하게 된 인어 공주는 마녀에게 부탁하여, 인간의 발을 붙여 달라고 했습니다. 이 때 인간의 발 대신에, 인어 공주는 마녀에게 무엇을 주었을까요?

① 고운 목소리
② 귀중한 반지
③ 영혼

◐답은 29페이지에

답 10

② 실버

보물을 찾아나서는 소년 짐과 그 보물을 가로채려고 하는 해적 선장 실버의 이야기입니다. 하지만 번번이 짐 소년의 용감하고 지혜 있는 행동으로, 실버의 음모는 실패하고 맙니다.

◐20, 21페이지의 답

답 11

② 뱀

메두사는 자신의 아름다움을 너무 뽐냈기 때문에, 신의 노여움을 사서 온몸에 비늘이 돋고, 머리카락은 뱀으로 변하는 흉칙한 모습이 되어 버렸습니다. 그리고 메두사의 눈을 쳐다본 사람은 모두 돌로 변해 버렸습니다.

답 12

① 아르센 루팡

모리스 르브랑이라는 사람이 쓴 책에 나오는 거물 도둑. 언제 어디서, 무엇을 훔칠 것인가를 경찰에 미리 알려 준 후, 멋지게 그것을 훔쳐 내곤 합니다. 절대로 살인은 하지 않습니다.

답 17

② 개구리

가엾게도 엄지 공주는, 개구리에게 납치되어 연꽃 잎 위에 감금되고 말았습니다. 그 후에도 풍뎅이에게 납치되었다가 들쥐에게 구출되는 등의 수많은 고생 끝에, 훌륭한 왕자님과 결혼합니다.

답 18

② 잠자는 숲속의 미녀

《잠자는 숲속의 미녀》의 공주님은, 요정의 마법에 걸려 100년 동안이나 잠을 자다가, 100년 후에 성으로 찾아온 왕자님의 입맞춤으로 눈을 뜨게 됩니다.

답 19

① 고운 목소리

인어 공주는 15살이 되었을 무렵, 바다 위에서 만난 왕자님과 사랑을 하게 되었습니다. 인어 공주는 그 왕자님과 만나고 싶은 일념으로, 마녀에게 부탁해서 인간의 발을 달게 됩니다.

그 때에 마녀가 교환 조건으로 내준 것은 인어 공주의 고운 목소리였습니다.

◐26, 27페이지의 답

돈키호테

문 20

돈키호테가 무사 수업을 위한 여행을 떠날 때, 타고 간 말의 이름은?

① 페르난도
② 로시난테
③ 실버

문 21

돈키호테가 싸운 상대는 어떤 것이었을까요?

① 풍차
② 물레방아
③ 마차

답 20

② 로시난테

기사 이야기를 읽다가 공상과 현실을 구별하지 못하게 된 돈키호테가, 머리가 모자란 하인 산초 판사와 애마 로시난테를 데리고, 여행을 떠나 여러 가지 당돌하고 바보스러운 사건을 일으킵니다.

답 21

① 풍차

돈키호테는 풍차를 거인으로 착각하여 풍차를 향해 돌진한 것입니다.

프랑켄슈타인

문 22

어느 천재 박사가, 죽은 사람을 소생시키는 실험을 할 때 만들어진 괴물은 어느 것이었을까요?

① 드라큘라
② 늑대 인간
③ 프랑켄슈타인

문 23

미녀의 피를 빨아먹는 흡혈귀 드라큘라의 특징 중에서 잘못된 것은?

① 거울에 모습이 비치지 않는다
② 십자가를 무서워한다
③ 마늘을 좋아한다

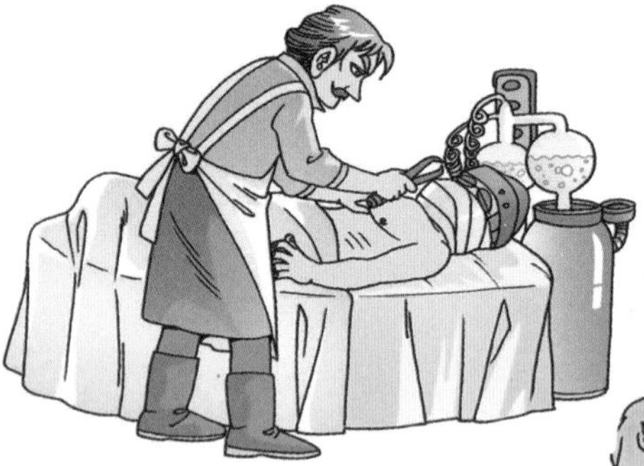

답 22

③ 프랑켄슈타인

프랑켄슈타인 박사라는 천재 박사가 만들어 낸 괴물이 프랑켄슈타인입니다. 키가 2.4미터나 되는 이 괴물은 추악한 자기 모습을 저주한 나머지, 박사의 말을 듣지 않고, 박사와 세상에 대해 복수를 하게 됩니다.

답 23

③ 마늘을 좋아한다

드라큘라는 사람의 피를 빨아먹고 사는 흡혈귀입니다. 그리고 드라큘라에게 한번 물린 사람은 흡혈귀가 되어 버립니다. 드라큘라가 싫어하는 것 중에는 마늘 외에, 햇빛과 십자가 등이 있습니다.

스핑크스

문 24

늑대 인간이 변신을 하는 것은 언제일까요?

① 달이 없는 어두운 밤
② 보름달이 뜬 밝은 밤
③ 밤이면 언제나

문 25

스핑크스는 어떤 모습을 한 괴물이었을까요?

① 사람의 머리와 사자 몸뚱이
② 고양이 머리와 개의 몸뚱이
③ 개의 머리와 호랑이 몸뚱이

답 24

② 보름달이 뜬 밝은 밤

어느 보름달이 뜬 밝은 밤의 일입니다. 한적한 교외에 있는 호텔 주인이 공동 묘지 근처를 걷고 있을 때, 숙박객 중 한사람이 갑자기 옷을 벗어 던지고, 온몸에 털이 난 늑대 인간이 되는 것을 목격하게 되는 것이 늑대 인간 이야기의 시작입니다.

답 25

① 사람의 머리와 사자 몸뚱이

스핑크스는 나그네들에게 수수께끼를 내어, 그것을 풀지 못하는 사람을 죽였다고 하는 괴물입니다.

견우와 직녀

문 26

1년에 단 한 번, 칠월 칠석 날 밤에만 만날 수 있다는 견우성과 직녀성. 직녀가 하는 일은 베를 짜는 일인데, 견우가 하는 일은 무엇일까요?

① 양치기
② 소치기
③ 나무꾼

문 27

하룻밤을 자고 나니, 주위 환경이 돌변해 버렸다는 미국의 동화 《스케치북》에 나오는 주인공의 이름은?

① 립 밴 윙클
② 아르센 루팡
③ 홉 스텝 점프

문 28

《스누피와 찰리 브라운》에 등장하는 남자 아이로, 언제나 담요를 한 손에 들고 손가락을 빨고 있는 아이는 누구일까요?

① 라이너스　　② 미셸
③ 질러스

답 26

② 소치기

견우 직녀의 '견우'는 '소를 끈다'라는 뜻이므로, 견우성은 소치기의 일을 하고 있는 것입니다.

답 27

① 립 밴 윙클

립 밴 윙클은 《스케치북》이란 책에 등장합니다. 어느 날, 사냥을 하러 나간 립 밴 윙클은 숲속에서 이상한 노인의 뒤를 따라가게 됩니다. 그리고 마침내는 숲속의 요정들의 술을 마시고 취해서 잠이 드는데, 잠에서 깨어 보니 이미 20년이란 세월이 흘러갔더라는 줄거리입니다.

답 28

① 라이너스

주인공인 스누피는 장난꾸러기 비글(개 이름)입니다. 주인인 찰리 브라운은, 약간 우둔한 남자 아이입니다. 라이너스는 스누피와 찰리 브라운의 친구인데, 언제나 담요를 질질 끌고 다닙니다.

허클베리 핀

문 29

장난꾸러기 소년의 대표라고 하면 톰 소여인데, 톰의 친구는 누구였을까요?

① 소년 프라이데이
② 허클베리 핀
③ 피터 팬

문 30

피터 팬과 함께 하늘을 날아 다니며 악의 무리를 골탕 먹이거나 즐겁게 노는 아이의 이름은?

① 팅거 벨
② 램
③ 웬디

답 29

③ 허클베리 핀

술주정뱅이 아버지를 가진 허클베리는 학교에도 다니지 않는 부랑아로서, 마을 사람들로부터 미움을 받는 아이입니다. 그러나 순진하고 모험심이 강한 허클과 톰은 아주 친한 친구입니다. 두 어린이가 함께 있으면 언제나 손에 땀을 쥐게 하는 대모험이 벌어집니다.

답 30

③ 웬디

웬디는, 어느 날 밤 방 안으로 뛰어들어온 피터 팬이 '요정의 가루'를 뿌려 주어 하늘을 날게 되는 여자 어린이로, 네버랜드로 놀러 가게 됩니다. 팅커 벨은 피터 팬을 좋아하는 여자 요정입니다.

로빈슨 크루소

문 31

로빈슨 크루소가 표착한 섬에서 친하게 된 흑인의 이름은?

① 주라이

② 일레븐

③ 프라이데이

문 32

세계에서 가장 유명한 명탐정이라면 셜록 홈즈, 그런데 이 홈즈의 친구의 이름은 무엇일까요?

① 토머스 박사

② 에디슨 박사

③ 왓슨 박사

답 31

③ 프라이데이

프라이데이라는 이름은, 로빈슨 크루소가 지어 준 이름입니다. 두 사람이 만난 것이 금요일(영어로는 프라이데이)이었기 때문에, 로빈슨은 프라이데이라는 이름을 지어 주었습니다.

답 32

③ 왓슨 박사

왓슨 박사는 홈즈의 친구로, 홈즈가 해결한 사건을 발표하는 사람이기도 합니다. 왓슨 박사의 직업은 의사이지만, 의사 일을 팽개치고, 홈즈의 일을 돕는 경우도 많습니다.

잭과 콩나무

문 33

《잭과 콩나무》에 나오는 잭은, 어떻게 해서 콩을 손에 넣었을까요?

① 주웠다
② 닭과 교환했다
③ 소와 교환했다

문 34

콩나무를 타고 구름 위로 올라간 잭은, 거인의 집에서 어떤 물건을 훔쳤습니다. 그것은 어느 것일까요?

① 금달걀을 낳는 암탉
② 은빛 털을 가진 양
③ 다이아몬드 반지

답 33

③ 소와 교환했다

어느 날, 잭은 돈을 마련하기 위해 장터로 소를 팔러 갔습니다. 그런데 그것을 여러 가지 색깔의 이상한 콩과 바꾸고 말았습니다. 화가 난 어머니는 그 콩을 마당에 던져 버리고 맙니다. 그 때부터 잭의 대모험이 시작됩니다.

답 34

① 금달걀을 낳는 암탉

잭이 만난 거인은, 사실은 잭의 아버지의 원수였습니다. 그래서 잭은 머리를 짜내어, 마침내는 거인이 갖고 있던 금화와 은화를 훔쳐 내고, 마지막으로 거인을 퇴치하여 아버지의 원수를 갚았습니다.

이솝 이야기

문 35

다음 중에서, 프랑스의 유명한 작가가 쓴 소설의 제목이 된 것이 있습니다. 어느 것일까요?

① 피망
③ 무
③ 홍당무

문 36

다음 작품 중에서 가장 오래된 것은 어느 것일까요?

① 이솝 이야기
② 아라비안 나이트
③ 이상한 나라의 앨리스

문 37

이솝 이야기에는 토끼와 거북의 유명한 이야기가 있습니다. 이 이야기 속에, 토끼와 거북 외에 또 한 마리의 동물이 나오는데, 어느 것일까요?

① 여우　② 쥐　③ 개

답 35

③ 홍당무

빨간 머리에다 주근깨투성이인, 홍당무라는 주인공이 등장하는 소설입니다. 3남매의 막내인 홍당무는 언제나 가족들로부터 학대받거나 어려운 일만 맡아서 합니다. 하지만, 홍당무는 항상 밝게 행동합니다. 그러한 어린이를 그린 작품입니다.

답 36

① 이솝 이야기

이솝 이야기는 지금으로부터 2,500년 전의 먼 옛날에 만들어진 이야기입니다. 그리스 문화가 화려하게 꽃피던 시대입니다.

답 37

① 여우

이것은 토끼와 거북이 경주하는 이야기인데, 그 때 여우가 나타나서 코스를 정하고, 심판을 봅니다. 이 이야기에 등장하는 것은 토끼와 거북뿐인 것 같지만, 사실은 여우도 등장하는 것입니다.

하느님과 인간

문 38

성경에 나오는 이야기로, 온 세계를 물바다로 만든 대홍수가 일어났을 때, 어떤 배를 탄 사람이나 동물만은 목숨을 건졌습니다. 무엇이라고 하는 배일까요?

① 먼바다의 조각배
② 큰 돛이 달린 범선
③ 노아의 방주

문 39

성경 안에서, 최초의 인간인 '아담과 하와'가 먹으면 안 된다는 것을 알면서도 먹어 버린 과일의 이름은?

① 무화과
② 사과
③ 바나나

답 38

③ 노아의 방주

하느님은 인간들이 차츰 간사해지고 게으름을 피우는 것을 노여워해서, 세상을 심판하려고 큰 홍수를 지게 했습니다. 그러나 노아의 일가족과 한 쌍씩의 동물만은, 방주를 만들게 하여 살려 주었습니다. 이 홍수는 40일 동안이나 계속되었다고 합니다.

답 39

② 사과

하와는 하느님이 먹어서는 안 된다고 한 사과를, 뱀의 꾐에 빠져 먹고 말았습니다. 그로부터 인간은 부끄러움을 깨달아 옷을 입게 되었다고 합니다. 또 하와를 꾄 뱀은 기어다니는 발이 없어지고 말았습니다.

아킬레우스

문 40

에덴 동산의 아담과 하와. 하느님은 처음에 아담을 만들고, 다음에 아담의 신체 일부를 떼내어 하와를 만들었다고 하는데, 그 신체의 일부란 무엇일까요?

① 머리카락 한 올
② 갈비뼈 한 개
③ 손 한 개

문 41

그리스의 영웅 아킬레우스는 불사신이었는데, 단 한 군데에 약점이 있었습니다. 그것은 신체의 어느 부분이었을까요?

① 발뒤꿈치의 바로 위
② 손목
③ 눈 언저리

답 40

② 갈비뼈 한 개

하느님은 맨 처음에 아담만을 만들었습니다. 그런데 곧 아담과 함께 생활할 인간을 만들어야 겠다고 생각하게 되었습니다. 그래서 하느님은 아담을 잠들게 한 후, 갈비뼈 하나를 떼내어 여자를 만들었습니다. 그것이 바로 하와였습니다.

답 41

① 발뒤꿈치의 바로 위

아킬레우스의 몸은 불사신이었지만 발꿈치의 바로 위만은 아니었습니다. 전쟁이 났을 때, 아킬레우스는 이 단 하나의 약점에 독화살을 맞아 죽어 버립니다. 현재도 발뒤꿈치 바로 위에 있는 힘줄을 '아킬레스 건(힘줄)' 이라고 합니다.

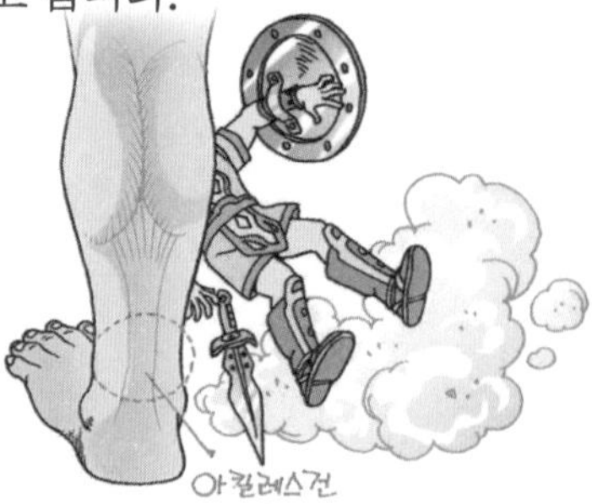

오즈의 마법사

문 42

《오즈의 마법사》에서, 도로시는 애견 토토와 친구 셋을 데리고 마법사인 오즈를 만나러 갑니다. 그 셋이란, 양철로 된 나무꾼과 또 누구 누구일까요?

① 허수아비와 겁쟁이 사자
② 허수아비와 성급한 거북
③ 성급한 거북과 꾀 많은 여우

문 43

알므 할아버지, 목동인 페터, 소녀 클라라 등이 등장하는 것은 어떤 동화일까요?

① 알프스의 소녀 하이디
② 소공녀 세라
③ 피터와 늑대

문 44

톰 소여는 어떤 일을 해서 거리의 영웅이 되었습니다. 도대체 어떤 일을 했을까요?

① 화재 현장에서 갓난아기를 구출했다
② 악한을 무찌르고 보물을 차지했다
③ 학교의 야구 팀에서 에이스가 되었다

ⓐ 42

① 허수아비와 겁쟁이 사자

태풍으로 미지의 세계로 날아가게 된 도로시는, 마법사인 오즈를 만나러 에메랄드 도시로 향합니다. 도중에서 도로시는 허수아비와 양철로 된 사냥꾼, 그리고 겁쟁이 사자를 만나 함께 여행을 하게 됩니다.

ⓐ 43

① 알프스의 소녀 하이디

검고 짧은 곱슬머리, 호기심이 가득한 검은 눈동자를 가진 하이디는, 인정 많고 상냥한 소녀입니다. 하이디 앞에서는 변덕 많은 알므 할아버지나 장난꾸러기 페터, 병약한 소녀 클라라마저도 명랑하고 씩씩해집니다.

ⓐ 44

② 악한을 무찌르고 보물을 차지했다

톰은 친구 허클베리와 함께 살인범을 동굴에 가두어 버립니다. 그리고 범인이 남긴 단서를 바탕으로 숨겨 놓은 보물을 찾아 냅니다.

윌리엄 텔

문 45

동화 《하멜른의 피리부는 사나이》는, 하멜른 거리에 들끓기 시작한 동물을, 어떤 사나이가 피리를 불어 퇴치해 버리는 이야기입니다. 그 동물의 이름은?

① 바퀴벌레
② 개
③ 쥐

문 46

윌리엄 텔은 자기 아들의 머리 위에 얹은 과일에, 화살을 명중시켰습니다. 그 과일의 이름은?

① 사과
② 키위
③ 밤

문 47

미키마우스의 여자 친구 이름은 무엇일까요?

① 롤리마우스
② 미니마우스
③ 밀리마우스

답 45

③ 쥐

하멜른 거리에 생긴 수많은 쥐를, 다른 고장에서 온 사나이가 피리를 불어 퇴치합니다. 그 사나이가 피리를 불면, 쥐들은 마치 최면술에 걸린 것처럼 그 피리 소리를 따라가서 마침내는 강 속으로 들어가는 것입니다.

답 46

① 사과

게슬러라는 관리의 명령으로, 윌리엄 텔은 자기 아들의 머리 위에 얹은 사과를 활로 쏘아 맞혔습니다.

답 47

③ 미니마우스

미키마우스나 미니마우스는 모두 디즈니 영화의 인공들입니다.

쉬어 가는 곳(미로 퍼즐)

Pineapple

세계를 알자

수도 이야기

문 1

우리 나라의 수도는 서울인데, 미국의 수도는 어디일까요?

① 로스엔젤레스
② 뉴욕
③ 워싱턴

문 2

러시아의 수도 모스크바에는 유명한 광장이 있습니다. 그 광장 이름은 무엇일까요?

① 붉은 광장
② 푸른 광장
③ 녹색 광장

문 3

《안네의 일기》로 유명한 안네가 숨어 살고 있던 암스테르담은 어느 나라 수도일까요?

① 네덜란드
② 독일
③ 프랑스

◐ 한 나라에는 중앙 정부가 있으며, 대통령이나 임금이 살고 있는 수도(서울)가 있습니다. 알고 있겠지요?

답 1

③ 워싱턴

수도란, 그 나라의 정치 · 경제의 중심이 되는 도시입니다. 그 나라에서 가장 큰 도시라는 뜻은 아닙니다. 그러나 대개는 가장 큰 도시가 수도가 됩니다. 미국의 수도 워싱턴은 미국의 초대 대통령 조지 워싱턴의 이름을 따서 붙여진 이름입니다.

답 2

① 붉은 광장

모스크바의 중심에 붉은 광장이라 불리는 광장이 있습니다. 러시아의 국가적인 주요 행사는 거의 이 광장에서 치러집니다. 또 이 광장 주변에는 역사적인 건물이 즐비하게 서 있습니다.

답 3

① 네덜란드

암스테르담은 네덜란드의 수도입니다. 안네는 어느 2층 집에서 숨어 살고 있었는데, 유대인을 차별하는 독일의 경찰에게 붙잡혀, 수용소로 보내져서 그 곳에서 목숨을 잃었습니다. 그녀의 나이 14세 때였습니다.

미국의 철도

문 4

미국은 국토가 넓어서, 고속 도로와 자동차가 발달했습니다. 미국에는 어느 정도의 자동차가 있을까요?

① 5명에 1대
② 2명에 1대
③ 한 사람에 1대

문 5

미국에 부설된 철도를 모두 연결하면, 어느 정도의 길이가 될까요?

① 조금만 더하면 태평양을 건널 수 있는 길이
② 조금만 더하면 지구를 한 바퀴 돌 수 있는 길이
③ 조금만 더하면 달에까지 이르는 길이

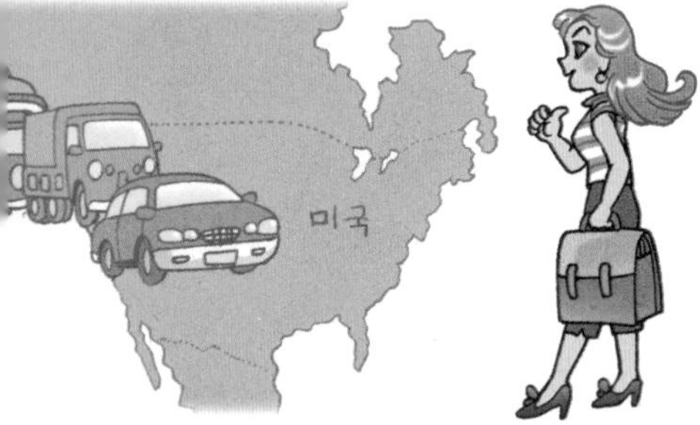

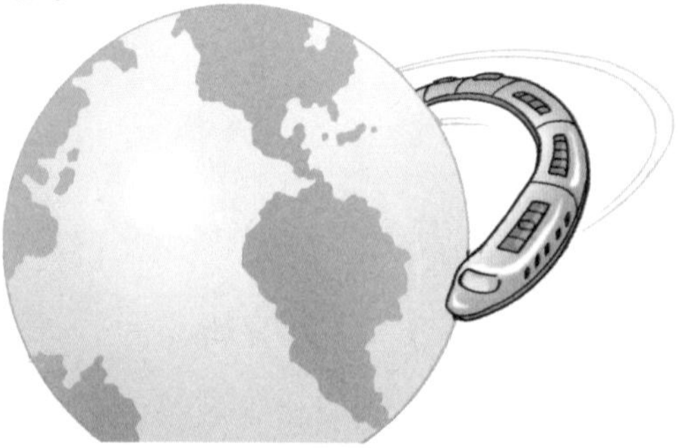

◐ 우리 나라와 밀접한 관계를 맺고 있는 미국입니다. 이런 것은 알고 있습니까?

답 4

② 2명에 1대

미국에서는 대개 2명에 1대 꼴로 자동차를 갖고 있습니다. 미국의 인구는 현재 약 3억 200만 명이니까, 그 반은 자동차가 있는 셈입니다.

답 5

③ 조금만 더하면 달에까지 이르는 길이

달까지의 거리는, 약 38만 4,000킬로미터입니다. 미국의 철도를 모두 연결하면 약 36만 킬로미터가 되므로, 조금만 더하면 달에까지 이르는 길이가 됩니다. 이것은 전 세계 철도의 30퍼센트에 해당합니다.

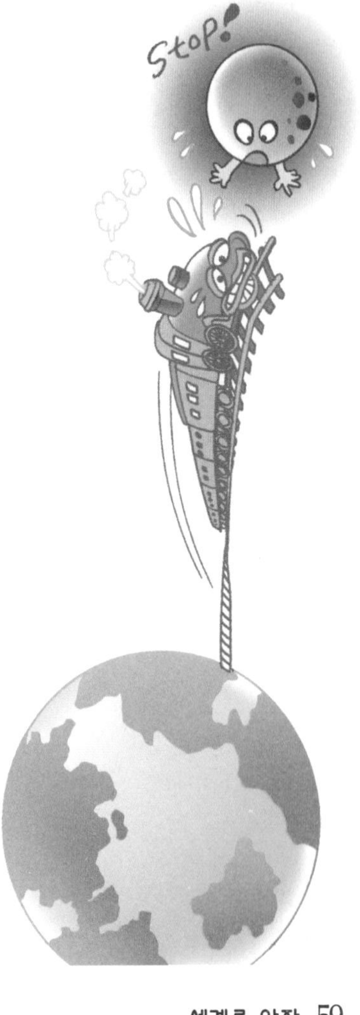

미국의 카우보이

문 6

알래스카 주는 1867년에 미국의 영토가 되었습니다. 어떻게 차지했을까요?

① 에스키모 인으로부터 빼앗았다
② 러시아(옛날 소련)로부터 사들였다
③ 국제 연합(유엔)에서 결정했다

문 7

미국에 있는 카우보이란 어떤 일을 하는 사람을 말하는 것일까요?

① 영화에 나오는 사람들
② 총을 쏘며 마을을 지키는 사람들
③ 목장에서 소를 돌보는 사람들

문 8

미국 대통령이 살고 있는 집을 무엇이라고 할까요?

① 워싱턴하우스
② 그레이트하우스 (훌륭한 집)
③ 화이트하우스(흰 집)

◐ 미국에 흥미를 가졌다면 좀더 여러 가지를 알아봅시다.

답 6

② 러시아(구소련)으로부터 사들였다

알래스카는 러시아의 영토였습니다. 그런데 러시아는 알래스카를 눈과 얼음뿐인 땅으로만 생각했기 때문에, 1867년에 미국에 싼값으로 팔아 버렸습니다. 그 후에 석유(유전)와 광산이 발견되어 미국은 큰 이득을 보게 되었습니다.

답 7

③ 목장에서 소를 돌보는 사람들

카우보이의 카우는 소(수소)라는 뜻입니다. 목장에서는 말을 타고 소를 쫓거나 몰거나 하며 일합니다.

답 8

③ 화이트하우스(흰 집)

대통령의 저택은 1800년에 세워졌지만 1814년에 불타고 말았습니다. 그것을 3년 걸려 개축하여 겉을 희게 칠했습니다. 그 후 100여 년이 지나, 화이트하우스로 불리게 된 것입니다. 한자로는 백악관이라고 합니다.

캐나다

문 9

미국과 캐나다 국경에는 유명하고 거대한 폭포가 있습니다. 무슨 폭포일까요?

① 빅토리아 폭포
② 나이아가라 폭포
③ 케네디 폭포

문 10

캐나다는 숲의 나라입니다. 단풍잎을 국기로 삼고 있듯이, 단풍나무도 많이 있습니다. 단풍나무에서 채취할 수 있는 것은 무엇일까요?

① 케찹
② 후추
③ 시럽

◐ 북아메리카 주에 있는, 세계에서 두 번째로 넓은 국토를 가진 나라입니다. 그래서 널리 알려져 있지요.

답 9

② 나이아가라 폭포

나이아가라 폭포는 미국의 뉴욕 주와 캐나다의 온타리오 주 사이를 흐르는 나이아가라 강에 있는 폭포입니다. 폭포는 폭이 약 915미터 되는 미국 쪽 폭포와, 폭이 약 815미터인 캐나다 쪽 폭포의 둘로 나누어져 있습니다.

답 10

③ 시럽

'설탕단풍' 이라는 나무에 구멍을 뚫고, 관을 꽂아 넣어 두면 수액이 채취됩니다. 이 액을 서서히 끓이면 시럽을 만들 수 있습니다.

큰 나라 작은 나라

문 11

러시아는 세계에서 가장 큰 나라입니다. 그렇다면 우리 나라의 몇 배쯤 될까요?

① 약 30배
② 약 50배
③ 약 100배

문 12

이탈리아의 나라 안에는 세계에서 제일 작은 또 하나의 나라가 있습니다. 그것은 무엇이라고 하는 나라일까요?

① 로마 제국
② 모나코 공국
③ 바티칸 시국

미니 상식

◐ 큰 나라, 인구가 많은 나라

세계에서 가장 큰 나라는 러시아입니다. 그 다음에는 캐나다, 중국, 미국의 순입니다. 인구가 가장 많은 나라는 중국입니다.

중국의 인구는 13억 3천 명입니다. 그 다음으로 인도(11.4억) 러시아(1.5억) 미국(3억)으로 이어집니다. 우리 나라는 남북한 합쳐서 약 8천만, 이웃 나라 일본은 약 1.3억입니다.

답 11

③ 약 100배

러시아는 국토가 지구를 반 바퀴 돌 정도로 광대하고 긴 나라입니다. 끝에서 끝까지의 시간 차이가 11시간이나 됩니다. 그래서 한 나라 안에서도 이 쪽 사람은 아직 잠자리에 있는데, 반대쪽 사람은 벌써 일어나 일하고 있는 것이 됩니다. 철도로 러시아를 횡단하면 8일과 4시간 25분이나 걸립니다.

답 12

③ 바티칸 시국

로마 시내에 있는 바티칸 시국은 로마 교황이 살고 있는 바티칸 궁전을 중심으로 한, 세계에서 가장 작은 나라입니다.

세계의 국기

문 13

세계에는 여러 나라 국기가 있는데, 다음 중 실제로 있는 국기는 어느 것일까요?

① 둥근 국기
② 삼각형을 포갠 모양의 국기
③ 별 모양의 국기

문 14

미국 국기는 성조기라 해서, 별과 줄 무늬로 만들어져 있습니다. 줄 무늬는 13줄인데 별은 몇 개일까요?

① 13개
② 26개
③ 50개

문 15

프랑스 국기는 적색 · 백색 · 청색의 3색기인데, 색깔에는 각각 무슨 뜻이 담겨져 있을까요?

① 태양과 달과 하늘
② 자유와 평등과 박애
③ 피와 눈물과 땀

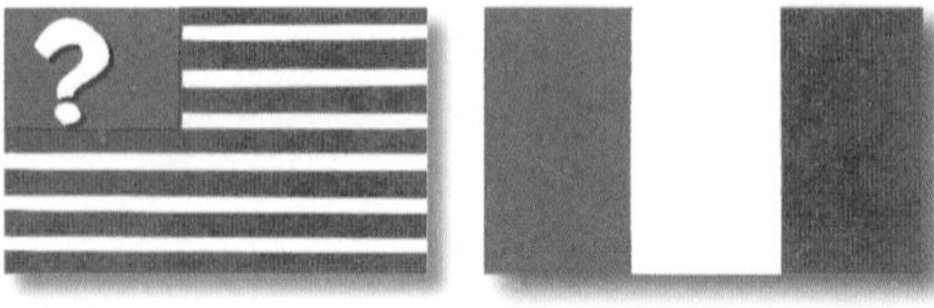

◐ 세계의 국기는 운동 경기 대회 때 흔히 볼 수 있지요. 어느 정도 알고 있나요?

답 13

② 삼각형을 포갠 모양의 국기

히말라야 산 기슭에 있는 네팔의 국기는 삼각형을 2개 포갠 모양을 하고 있습니다. 이 밖에도 별난 국기는 많이 있습니다. 바티칸의 국기는 정사각형입니다.

또 북아프리카의 리비아 국기는 녹색 하나만으로 되어 있습니다.

답 14

③ 50개

미국은 영국과의 독립 전쟁에 이겨서, 1976년에 독립국이 되었습니다. 그 무렵에는 지금처럼 국토가 넓은 나라가 아니고 13주밖에 되지 않았습니다. 줄무늬의 수는 그것을 나타내고 있습니다. 그 후에 주가 늘어날 때마다 국기의 별의 수를 더해 왔습니다. 현재는 50개 주가 있기 때문에 별의 수는 50개가 되었습니다.

답 15

② 자유와 평등과 박애

프랑스 국기는 트리코롤(삼색기)이라 부르고 있습니다. 프랑스 혁명 후인 1794년에 현재와 같은 국기가 되었습니다.

세계의 학교

문 16

프랑스의 초등 학교는 한국의 초등 학교와는 다른 데가 있습니다. 그것은 무엇일까요?

① 낙제가 있다
② 성적이 좋으면 3년 만에 졸업한다
③ 선생님이 없다

문 17

우리 나라의 신학기는 3월에 시작되는데, 미국의 학교는 언제 시작될까요?

① 1월
② 4월
③ 9월

◐ 나라에 따라 교육 제도가 각각 다릅니다. 잠깐 살펴볼까요?

답 16

① 낙제가 있다

프랑스의 초등 학교는 5학년까지인데, 5년 안에 졸업하는 학생은 절반 정도입니다. 나머지 절반 가량의 학생은 초등 학교를 1년간 더 다닌다고 합니다.

답 17

③ 9월

미국이나 유럽의 거의 대부분의 나라는, 신학기가 9월부터 시작됩니다. 긴 여름 방학이 끝나고 나서 신학기가 시작되는 것입니다. 그리고 미국의 학교는 토요일과 일요일은 쉽니다.

세계의 요리

문 18

카레는 인도의 대표적인 음식인데, 인도에서는 본래 카레를 어떻게 사용하고 있었을까요?

① 약
② 화장품
③ 그림 물감

문 19

이탈리아의 명물 요리에 마카로니가 있습니다만, 이 마카로니에는 무엇 때문에 구멍이 뚫려 있을까요?

① 스파게티와 구별하기 위해
② 열을 잘 통하게 하기 위해
③ 빨대 대신 쓰기 위해

문 20

프랑스 요리인 에스카르고는 어떤 음식일까요?

① 송이버섯
② 상어의 알
③ 달팽이

◐ 음식을 가려서 먹지는 않습니까? 우리 나라에도 외국 요리가 많이 있습니다. 아무 것이나 잘 먹도록 합시다.

ⓓ 18

① 약

인도에서는 본래 가정 상비약으로 카레가 사용되었습니다. 들풀을 말린 것과 고추가 들어 있습니다. 그리고 인도 사람은 식사를 할 때는 젓가락이나 숟가락을 사용하지 않고, 오른쪽 손가락만으로 먹습니다.

ⓓ 19

② 열을 잘 통하게 하기 위해

마카로니는 건조되기 쉽게 하기 위한 것과, 요리할 때 열을 잘 통하게 하기 위해 구멍이 뚫려 있습니다. 이탈리아에서 제작한 서부극을 마카로니 웨스턴이라고 할 정도로, 마카로니는 이탈리아를 대표하는 음식입니다.

ⓓ 20

③ 달팽이

에스카르고란 식용 달팽이를 가리키는 말인데, 고대 로마 귀족들의 사치스러운 요리였습니다. 그것이 프랑스의 귀족들에게 전해져서 프랑스 요리의 명물 중 하나가 되었습니다.

도시의 별명

문 21

영국의 수도 런던은 어떤 별명을 갖고 있습니다. 무엇일까요?

① 안개의 도시
② 꽃의 도시
③ 지상 낙원

문 22

다음 중 '큰 사과'라는 뜻의 별명이 붙은 도시는 어디일까요?

① 모스크바
② 뉴욕
③ 서울

◐ 특징이 있는 사람에게는 별명이 붙는 것처럼, 특징이 있는 도시도 별명을 가지고 있습니다.

답 21

① 안개의 도시

셜록 홈스의 활약으로 유명한 런던은 비가 내리는 날이 1년의 절반 가까이나 됩니다. 11월부터 2월에 걸쳐서는 거의 흐린 날이고, 안개가 끼는 날이 아주 많습니다.

답 22

② 뉴욕

뉴욕은 '빅 애플'이라 불립니다. 이것은 영어로 큰 사과라는 뜻입니다.

남쪽 나라 사람들

문 23

오스트레일리아에는 인구의 10배 이상이나 많은 면양이 있는데, 어떻게 양털을 깎을까요?

① 한 마리 한 마리 바리칸으로 깎는다
② 큰 기계로 몇십 마리를 한꺼번에 깎는다
③ 가을이 되면 저절로 털이 빠진다

문 24

오스트레일리아는 남반구에 있는 나라인데, 이 나라에는 눈이 올까요?

① 스키를 할 수 있을 정도로 내린다
② 한 차례도 내린 적이 없다
③ 거의 내리지 않는다

문 25

한여름에 크리스마스가 되는 나라는 어디일까요?

① 하와이 ② 필리핀
③ 뉴질랜드

◐ 지구 반대쪽은 계절도 반대입니다. 그러나 남쪽으로 간다고 반드시 따뜻한 것만은 아닙니다.

답 23

① 한 마리 한 마리 바리칸으로 깎는다

양털을 깎는 데는 아직 기계로는 불가능합니다. 그래서 한 마리 한 마리 전기 바리칸으로 깎게 됩니다.

답 24

① 스키를 할 수 있을 정도로 내린다

오스트레일리아에는 그다지 높은 산은 없지만, 오스트레일리아 알프스라는 산맥이 있습니다. 가장 높은 산이 2,230미터인 코지아스코 산인데, 눈이 쌓이고 스키 애호가들이 찾아듭니다.

답 25

③ 뉴질랜드

뉴질랜드나 오스트레일리아는 남반구에 있어, 한국과는 계절이 반대입니다. 그러므로 12월의 크리스마스는 한여름이 됩니다. 산타클로스가 파도타기를 하면서 찾아오는 그림이 들어간 우표도 있을 정도입니다.

정열의 나라

문 26

투우는 에스파냐는 물론 멕시코에서도 유명한데, 투우의 역사에서는 어느 쪽이 더 오래되었을까요?

① 에스파냐가 오래되었다
② 멕시코가 오래되었다
③ 거의 비슷하다

문 27

에스파냐에는 투우 외에도 또 하나의 유명한 춤이 있습니다. 기타와 캐스터네츠의 음악에 맞추어서 춤추는 그 춤의 이름은 무엇일까요?

① 카르멘
② 삼바
③ 플라멩코

◐ 스페인이나 멕시코 사람들은 모두가 명랑하고 활기가 있어, 정열의 나라라고 불립니다.

답 26

① 에스파냐가 오래되었다

투우는 본래 에스파냐에서 시작되었는데, 멕시코로 전해졌습니다. 그런데 지금은 멕시코에서 인기를 끌어 세계 최대의 투우장도 있으며, 국기로 되어 있습니다.

답 27

③ 플라멩코

플라멩코는 본래 집시의 춤이었는데, 지금은 투우와 함께 스페인의 관광 명물이 되었습니다. 집시란 옛날 유럽에서 여기저기 여행을 하며 생활하던 사람들을 가리킵니다.

나라 이름

문 28

우리 나라로 볼 때 지구 반대쪽에 브라질이라는 나라가 있습니다. 이 브라질의 이름은 어디서 유래된 것일까요?

① 나무 이름
② 사람 이름
③ 커피 이름

문 29

네덜란드의 정식 국명은 네덜란드 왕국인데, 이 국명은 어디서 따온 것일까요?

① 풍차
② 튤립이 피는 곳
③ 국토의 4분의 1이 바다보다 낮다

미니 상식

◐ 맞는 나라의 이름은?

세계의 국명을 말할 때는 대개 줄여서 부릅니다. 그러면 정식 국명은 무엇일까요?

미국은 아메리카 합중국, 러시아는 러시아 독립국 연합, 중국은 중화 인민 공화국입니다. 그리고 영국은 그레이트브리텐 및 북 아일랜드 연합 왕국이 정식 명칭입니다.

◐ 세계에는 갖가지 이름의 나라가 있습니다. 그리고 모두가 나름대로의 뜻을 지니고 있습니다.

답 28

① 나무 이름

브라질스오라는 나무 이름을 따서 브라질이라는 국명이 붙여졌습니다. 이 나무에서는 적색 염료와 약품을 채취할 수 있습니다. 커피 산지로 유명한 브라질은, 4분의 2 박자의 활기 넘치는 경쾌한 리듬의 삼바춤이 더욱 유명합니다.

답 29

③ 국토의 4분의 1이 바다보다 낮다

네덜란드는 국토의 4분의 1이 바다보다 낮습니다. 약 700년 전부터 네덜란드 인은 바다를 메워 국토를 넓혀 왔습니다. 현재도 바다에 둑을 쌓아 매립이 진행되고 있습니다.

프랑스

문 30

프랑스의 수도 파리는 처음에는 조그마한 거리였습니다. 그러면 그것은 어떤 곳이었을까요?

① 센 강을 매립한 곳
② 센 강 안에 있던 작은 섬
③ 센 강에 걸린 다리 위

문 31

파리의 에트와르 광장에는 개선문이 있는데, 이것은 무엇을 기념해서 건립한 것일까요?

① 전쟁의 승리
② 파리 만국 박람회
③ 파리 올림픽

문 32

수많은 명화가 소장된 곳으로 유명한 파리의 루브르 박물관은 이 건물 안에 있습니다. 그것은 어느 건물일까요?

① 궁전
② 교회
③ 백화점

◐ 미국이나 영국과 함께, 프랑스 역시 우리와 친숙한 나라입니다. 그리고 유행의 본고장이 되는 나라이기도 합니다.

답 30

② 센 강 안에 있던 작은 섬

파리의 거리는 처음에는 센 강 안에 있던 시테 섬이라는 작은 섬뿐이었습니다. 이 시테 섬에는 노트르담 사원 등, 유명한 건물이 현재까지도 많이 남아 있습니다.

답 31

① 전쟁의 승리

에투알 광장의 개선문은 나폴레옹이 전쟁에서 프랑스의 승리를 기념하여 건립한 것입니다. 파리 만국 박람회를 기념해서 만들어진 것은 에펠탑입니다.

답 32

① 궁전

루브르 궁이라는 궁전 안에 있기 때문에, 루브르 박물관이라는 이름이 붙여졌습니다. 루브르 궁에는 이 밖에도 장식 박물관 등이 있습니다. 루브르란 것은 원래의 지명에서 딴 것이라고 합니다.

유럽의 여러 나라

문 33

물의 도시라 불리고, 운하를 건너는 곤돌라와 함께 유명한 이탈리아의 도시는 어디일까요?

① 샹말리노
② 베네치아
③ 로마

문 34

자동차로 유명한 나라 독일은, 어떤 것을 처음으로 만든 나라이기도 합니다. 그것은 무엇일까요?

① 택시
② 고속 도로
③ 관광 버스

◐ 오랜 역사를 지닌 유럽에는 여러 나라가 있는데, 각각 굉장한 매력을 갖고 있습니다.

답 33

② 베네치아

베니스라고도 불리는 이 도시안을 마치 거미줄처럼 흐르는 운하는 교통으로도 이용되고 있습니다. 또 베네치아는 '베네치아 유리' 라고 하는 훌륭한 유리 공예품이 만들어지는 곳으로도 유명합니다.

답 34

② 고속 도로

벤츠나 폭스바겐 따위의 자동차로 유명한 독일은, 세계 최초로 아우토반이라는 고속 도로를 만들었습니다. 이 고속 도로는 요금을 내지 않고, 속도 제한도 없습니다. 한국의 입장에서 본다면 꿈과 같은 이야기입니다.

알프스의 나라들

문 35

오스트리아는 동 알프스가 가로놓인 나라로, 스키 등의 동계 스포츠로 널리 알려져 있는데, 그 밖에 특히 친밀감이 가는 것은 무엇일까요?

① 야구
② 음악
③ 경마

문 36

스위스에는 알펜호른이라는 악기가 있습니다. 이 악기는 긴 것은 4미터나 되는 금관 악기인데, 무엇에 쓰일까요?

① 전쟁을 시작한다는 신호
② 양 떼를 모으는 신호
③ 산에서 조난당했을 때의 신호

문 37

세계에서 가장 높은 산은 히말라야의 에베레스트 산입니다. 그러면 알프스에서 가장 높은 산은 무슨 산일까요?

① 몽블랑
② 록키 산
③ 킬리만자로

◐ 유럽의 지붕이라고 불리는 알프스 산맥에 에워싸인 아름다운 나라들에 대한 문제입니다.

답 35

② 음악

오스트리아의 수도 빈은 음악의 도시라고 할 정도로 옛날부터 음악으로 유명한 도시입니다. 하이든 · 모짜르트 · 베토벤 · 슈베르트 등은 오스트리아에서 활약했습니다.

답 36

② 양 떼를 모으는 신호

스위스는 방목이 성행되는데, 목초는 풍족하지 않습니다. 그래서 봄에서 여름에 걸쳐 산 위로 목초를 찾아 옮겨다닙니다. 가을이 되면 다시 산 기슭으로 내려와 봄까지 그 곳에서 지냅니다. 이럴 때, 양떼를 모으는 신호로 알펜호른을 이용하는 것입니다.

답 37

① 몽블랑

알프스에서 가장 높은 산은 몽블랑(4,807미터)입니다. 평균 높이가 2,500미터인 알프스 지방은 초원이나 호수 등의 아름다운 고산 풍경을 볼 수 있는 매력 때문에 관광객이나 등산하는 사람들에게 사랑을 받고 있습니다.

인 도

문 38

인도에서, '신의 사자' 라고 하여 신성시되고 있는 동물은 무엇일까요?

① 호랑이
② 뱀
③ 소

문 39

인도는 아시아에 있는 나라지만, '서인도' 라고 불리는 곳은 어디 있을까요?

① 인도의 서쪽
② 미국의 남쪽
③ 태평양의 한가운데

◐ 인도는 오랜 역사를 지닌 나라입니다. 우리 나라 문화는 인도로부터 많은 영향을 받았습니다.

답 38

③ 소

인도에서는 소가 거리 한가운데에 드러누워 있는 광경을 흔히 볼 수 있습니다. 인도 사람 중에는 쇠고기를 먹지 않는 사람도 많습니다.

답 39

② 미국의 남쪽

미국의 남쪽에 있는 섬들을 '서인도 제도'라고 합니다. 그것은 콜럼버스가 아메리카 대륙을 발견했을때 아메리카를 인도로 오인했기 때문에, 그 남쪽이나 서쪽에 있는 섬을 이렇게 불러 버린 것입니다.

피사의 사탑

문 40

이집트의 피라미드는 유명한데, 가장 높은 피라미드는 빌딩과 비교하면 대략 몇 층짜리 건물이 될까요?

① 10층 건물
② 30층 건물
③ 50층 건물

문 41

현재 세계에서 가장 높은 빌딩은 어느 나라에 있을까요?

① 한국
② 대만
③ 아랍에미리트

문 42

이탈리아에 '피사의 사탑'이란 탑이 있습니다. 이 탑은 어떤 일 때문에 유명한데, 그것은 무엇일까요?

① 세계에서 가장 높은 탑
② 세계에서 가장 오래된 탑
③ 기울어져 서 있는 탑

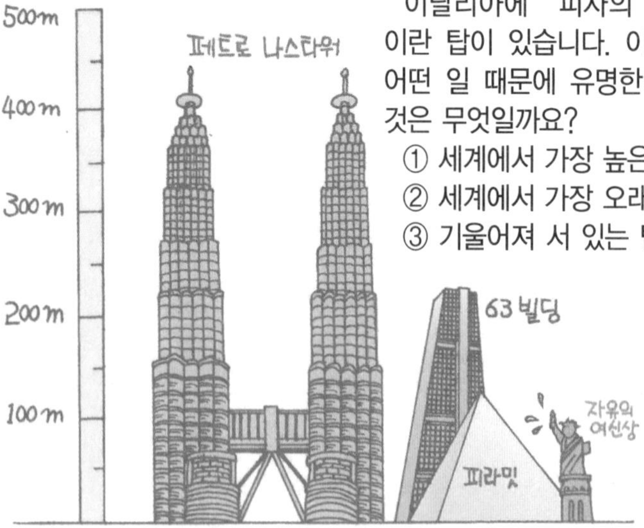

◐ 인간은 옛날부터 높은 건축물을 만들고 싶어했습니다. 잠시 세계를 바라보면……

답 40

③ 50층 건물

기제에 있는 쿠푸 왕의 무덤인 피라미드가 가장 큰데, 높이가 146미터, 빌딩 높이로 환산하면 약 50층 건물과 비슷합니다. 피라미드는 이집트 외에도 에티오피아나 수단에도 있습니다.

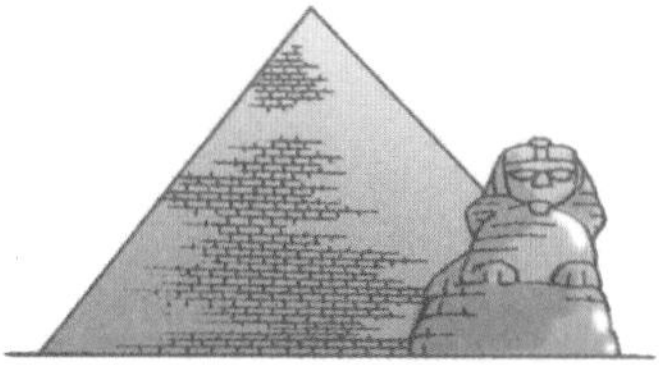

답 41

② 대만

대만의 '타이페이 금융 센터'가 현재 세계 최고의 빌딩인데, 높이는 508미터입니다. 하지만 우리 나라의 삼성건설이 짓고 있는 아랍에미리트의 두바이에 '버즈 두바이' 건물이 2009년에 164층 808미터의 높이로 완공되면 세계에서 가장 높은 건물이 됩니다.

답 42

③ 기울어져 서 있는 탑

피사의 사탑은 1173년경부터 약 180년에 걸쳐서 건조되었다고 합니다. 높이가 56미터인데, 교회의 종루로 세워졌습니다. 이 탑은 공사를 할 때부터 기울기 시작했고, 지금도 기운 채로 서 있습니다.

시간 이야기

문 43

우리 나라에는 표준시가 하나인데, 미국에는 표준시가 몇 개일까요?

① 물론 하나
② 나라가 넓으니까 4개
③ 주마다 있으니까 50개

문 44

영국의 런던에 있는 빅벤이란 무엇을 말하는 것일까요?

① 국회 의사당의 시계탑
② 옛날 왕의 동상
③ 배가 통과할 때 울리는 종

◐ 시간은 매우 소중한 것입니다. 하지만 나라에 따라 시간이 다르다는 것을 알고 있나요?

답 43

② 나라가 넓으니까 4개

미국은 땅이 넓어서, 동해안의 뉴욕과 서해안의 샌프란시스코는 태양이 정남쪽에 올 때까지 3시간이나 시간의 차이가 생깁니다. 그래서 표준 시간이 4개나 있습니다.

답 44

① 국회 의사당의 시계탑

템즈 강변에 있는 영국 국회 의사당의 시계탑은 '빅벤' 이라 불리며, 런던 시민의 사랑을 받고 있습니다. 그리고 런던의 시간을 기준으로 해서 전세계의 시간이 정해집니다.

세계의 언어

문 45

대한민국에서는 한글이라는 단일 언어가 사용되고 있습니다. 그런데 인도에서는 몇 종류의 언어가 사용되고 있을까요?

① 3종류
② 150종류
③ 800종류

문 46

여러 나라 말을 할 수 있어서, 전세계를 여행해 보고 싶을 때도 있겠지요? 그런데 과연 사람은 최고 몇 나라 말을 할 수 있을까요?

① 10개 국어 정도
② 30개 국어 정도
③ 50개 국어 정도

미니 상식

◐ 세계의 언어

현재 세계의 언어는 약 5천 종류입니다. 가장 많은 사람이 사용하는 말은 인구가 가장 많은 중국어이지만 다른 나라에서는 그다지 사용되지 않습니다. 가장 널리 사용되고 있는 말은 영어입니다. 이것은 세계의 40여 개국에서 통용되며, 국제어라고 합니다.

◐ 세계의 언어가 하나라면, 모두가 사이좋게 지낼 수 있겠는데…. 언어에 대해 잠깐 알아봅시다.

답 45

③ 800종류

인도는 나라도 넓고, 인구도 11억 이상이나 됩니다. 말은 영어도 많이 사용하지만 공용어는 힌디어이며, 실제는 800종류 이상의 언어가 여러 지방에서 통용되고 있습니다.

답 46

② 30개 국어 정도

프랑스 인인 슈미트라는, 유엔에 근무하던 사람은 31개 국어를 구사할 수 있었습니다. 한국인은 보통 중학교에서 대학까지 10년 동안 영어를 배우지만, 실제로 능숙하게 할 수 있는 사람은 별로 많지 않습니다.

아저씨 머리에는 컴퓨터가 들어 있어요?

약간 이색적인 생활

문 47

남아메리카에서 가장 큰 호수인 티티카카 호에서는, 어부들이 이상한 배를 사용하고 있습니다. 어떤 배일까요?

① 풀로 만든 배
② 대나무로 만든 배
③ 통나무로 만든 배

문 48

몽골 사람들은 '파오'라는 집에 살고 있습니다. 이 파오란 어떤 집일까요?

① 자연 동굴을 이용한 동굴식 집
② 높은 나무 위에 만든 해먹식 집
③ 휴대와 운반이 가능한 분해식 집

문 49

폴란드의 어떤 광산에는, 이색적인 것으로 만들어져 있는 진기한 궁전이 있습니다. 그것은 어떤 재료로 만든 것일까요?

① 석탄
② 수정
③ 소금

◐ 세계에는 이색적인 생활 풍습이나 사건들이 있습니다. 그 일부를 잠깐 살펴봅시다.

답 47

① 풀로 만든 배

티티카카 호는 볼리비아와 페루의 국경에 있는 호수입니다. 이 곳에 사는 사람들으 도토리라고 하는, 갈대의 일종으로 만든 배로 고기잡이를 합니다.

답 48

③ 휴대와 운반이 가능한 분해식 집

몽골은 초원의 나라입니다. 주민들은 풀을 찾아 말이나 양떼를 몰며, 이리저리 떠도는 생활을 합니다. 그래서 갖고 다니기에 편리한 분해식 집이 필요한 것입니다. 파오는 수시간이면 조립할 수 있으며, 여름에는 시원하고 겨울에는 따뜻하도록 연구되어 있습니다.

답 49

③ 소금

폴란드의 크라크프 교외에 있는 베리티카 돌소금 광산 안에 있는 교회는 기둥과 벽, 샹들리에 등 모두가 돌소금이라는 소금덩어리로 만들어져 있습니다.

쉬어 가는 곳(미로 퍼즐)

스포츠

올림픽

문 1

스포츠의 제전이라고 하는 올림픽은 몇 년에 한 번씩 열릴까요?

① 매년
② 2년에 한 번
③ 4년에 한 번

문 2

올림픽 개회식의 입장 행진을 할 때, 맨 앞에서 행진하는 것은 어느 나라일까요?

① 미국
② 올림픽 개최국
③ 그리스

◐ 스포츠의 제전이라고 불리는 올림픽. 전세계의 스포츠 선수가 한자리에 모여 힘과 기량을 겨룹니다.

답 1

③ 4년에 한 번

올림픽은 4년에 한 번 개최됩니다. 현재와 같이, 전세계의 모든 나라가 모여 거행되는 올림픽을 근대 올림픽이라고 합니다. 24회는 1988년에 한국 서울에서, 2008년에는 중국의 북경에서 29회째의 올림픽이 개최되었습니다.

답 2

③ 그리스

올림픽은 옛날 그리스에서 시작된 것입니다. 올림픽의 시작을 을 기념하여, 입장 행진의 맨 앞쪽은 언제나 그리스입니다. 그 뒤에는 나라 이름의 ABC 순서로 행진하고, 맨 끝에 올림픽을 개최하는 나라가 입장합니다.

야 구

문 3

야구가 처음으로 시작된 것은 어느 나라일까요?

① 영국
② 미국
③ 일본

문 4

전세계 소년 야구의 중심이 되고 있는 리틀 야구에서는 어떤 종류의 공을 사용하고 있을까요?

① 경식 볼
② 연식 볼
③ 소프트 볼

문 5

프로 야구에서 3관왕이란 타율과 홈런, 그리고 또 하나는 무엇일까요?

① 도루
② 득점
③ 타점

◐ 한국에서 가장 인기 있는 스포츠의 하나가 야구입니다. 야구에 대해 이 정도의 상식은 알고 있습니까?

답 3

② 미국

야구의 시초가 된 크리켓이라고 하는 게임은 영국에서 시작된 것입니다. 그런데 미국의 더블데이라는 사람이 1839년에 크리켓에서 야구를 고안해 냈습니다.

답 4

① 경식 볼

프로 야구와 마찬가지로, 경식 볼을 사용하고 있습니다. 리틀 리그는 1939년에 미국의 펜실베이니아 주에서 시작되었는데, 세계 본부도 미국 펜실베이니아 주의 윌리엄스포트에 있습니다.

답 5

③타점

자기가 타석에 들어서서 친 것이 점수로 이어지는 것을 타점이라고 합니다.

가장 빠른 것은?

문 6

다음 중에서 가장 빠른 공은 어느 것일까요?

① 아이스하키의 슛
② 야구에서의 투구의 직구
③ 테니스의 서브

문 7

스키는 매우 속도감이 넘치는 스포츠인데, 최고 얼마쯤의 속도를 낼 수 있을까요?

① 시속 100킬로미터
② 시속 150킬로미터
③ 시속 200킬로미터

◐ 속도감 넘치는 동작은 스포츠를 관람할 때의 매력입니다. 도대체 얼마나 빠를까요?

답 6

③ 테니스의 서브

테니스의 서브를 넣을 때의 최고 속도는 시속 250킬로미터 정도가 됩니다. 야구의 투수가 던지는 볼의 최고 속도는 미국의 투수가 던진 162킬로미터가 최고 기록으로 되어 있습니다.

답 7

③ 시속 200킬로미터

시속 200킬로미터 정도 나온 기록이 있습니다. 그리고 점프의 최고 기록은 180미터를 넘고 있습니다.

축구를 탄생시킨 나라

문 8

현재 세계에서, 축구를 하고 있는 나라는 몇 나라쯤 될까요?

① 약 30개국
② 약 80개국
③ 약 130개국

문 9

축구의 시발은 적군 병사의 머리를 차면서 논다는 잔혹한 것이었습니다. 현재와 같은 스포츠로 탄생시킨 것은 어느 나라일까요?

① 브라질
② 독일
③ 영국

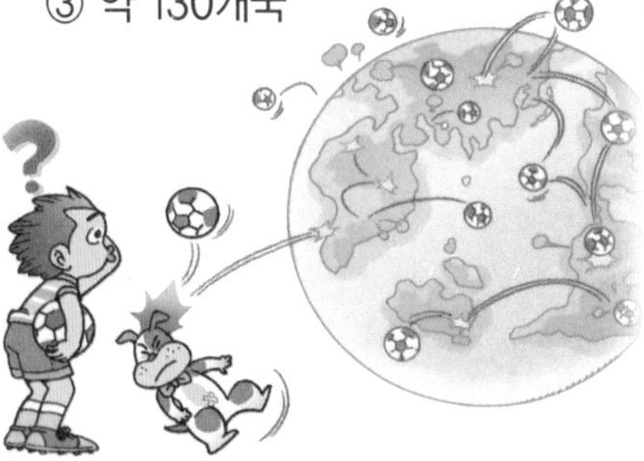

미니 상식

◐ 월드컵 이야기

축구의 세계 챔피언을 결정짓는 대회가 월드컵입니다. 4년에 한 차례씩 직업 선수와 아마추어 선수가 세계 제일을 겨룹니다. 1930년에 처음으로 개최되었는데, 거의 대부분 남미 팀과 유럽 팀이 우승 다툼을 하고 있었습니다. 한국은 1954년 스위스 대회 때 처음 출전하였으며, 2002년의 한일월드컵 때는 4강까지 진출하여 전세계를 놀라게 하였습니다.

◐ 친구들이 모여 공 하나와 빈 터만 있으면 즐길 수 있는 것이 축구입니다. 간단하고 즐거운 스포츠입니다.

답 8

③ 약 130개국

전세계에서는 130개 이상의 나라에서, 축구가 성행되고 있습니다. 세계에는 170개 정도의 나라가 있으므로, 축구를 하지 않는 나라가 훨씬 적습니다. 사람 수로 따진다면, 약 10억 인구가 축구를 하는 셈입니다.

답 9

③ 영국

축구의 기본이 된 풋볼이라는 스포츠는 아주 옛날부터 있었지만, 정해진 규칙이 없어 경기를 할 때마다 혼란이 일어났습니다. 그리하여 1863년에 통일된 규칙이 제정됨으로써, 현재의 축구가 정식으로 탄생했습니다.

헤드 트릭

문 10

축구 경기에서는 경기를 시작하기 전에 무엇을 던져서, 볼이나 골을 선택합니다. 그 물건은 무엇일까요?

① 동전
② 손수건
③ 축구화

문 11

축구에서는 한 경기에서 대량 득점을 한다는 것은 어렵지만, 때로는 한 선수가 3점 이상 득점하는 경우도 있습니다. 그것을 무엇이라고 할까요?

① 해드 트릭
② 골게터
③ 게임 메이커

문 12

경기가 동점으로 끝났을 때, 어떤 방법으로 승패를 결정짓는 경우가 있습니다. 그것은 무엇일까요?

① 코너 킥
② 페널티 킥
③ 프리 킥

◐ 발을 자유 자재로 사용하여 공을 다루는 동작은 마치 마술을 보는 듯하지 않습니까?

답 10

③ 영국

동전을 던져서 정해진 앞면이나 뒷면을 맞혔을 때, 먼저 원하는 골을 차지하거나 먼저 공을 차느냐 하는 것을 선택합니다. 따라서 앞뒤를 맞힌 팀이 좋아하는 골을 차지했다면, 다른 팀이 먼저 공을 갖고 공격을 하게 됩니다.

답 11

① 해드 트릭

골게터란, 득점자 또는 득점력이 뛰어난 선수를 말합니다. 또, 게임메이커란, 팀의 중심이 되어 경기의 작전을 세우거나 하는 선수를 가리킵니다.

답 12

② 페널티 킥

승부를 결정짓기 위한 페널티 킥은 양팀에서 5명씩의 선수가 페널티 킥을 차서, 많이 점수를 얻은 편이 이기게 됩니다.

코트와 볼

문 13

다음 스포츠 중에서, 코트가 가장 넓은 것은 어느 것일까요?

① 배드민턴
② 배구
③ 테니스

문 14

다음 중, 사용하는 볼이 가장 큰 것은 어느 것일까요?

① 배구
② 축구
③ 농구

◐ 볼을 사용하는 스포츠를 구기라고 합니다. 그리고 경기를 하는 장소를 코트라고 합니다.

답 13

③ 테니스

코트의 길이는 세로가 23.77미터, 배구 코트의 길이는 세로가 18미터, 배드민턴의 코트는 세로가 13.4미터입니다.

답 14

③ 농구

농구공 둘레의 길이는 75~78센티미터입니다. 그리고 배구공은 66센티미터 정도이고, 축구공은 68~71센티미터 정도입니다.

배구와 농구

문 15

배구와 농구는 모두 미국의 매사추세츠 주에서 시작된 스포츠입니다. 어느 쪽이 먼저 시작되었을까요?

① 배구
② 농구
③ 같은 무렵에 생겼다

문 16

배구나 농구 모두 공이 높게 올라가므로, 코트의 천장 높이는 최저 얼마까지로 정해져 있습니다. 어느 쪽 코트의 천장 높이가 더 높게 정해져 있을까요?

① 배구
② 농구
③ 양쪽 모두 같다

문 17

배구에는 6인제와 9인제가 있습니다. 서브권이 있을 때만 득점할 수 있는 것은 어느 쪽일까요?

① 6인제
② 9인제
③ 양쪽 모두 서브권이 있을 때만 득점할 수 있다

◐ 키가 큰 사람들만 하는 스포츠는 아닙니다. 모두가 함께 즐기면 좋지 않을까요?

답 15

② 농구

농구는 1891년, 배구는 1895년에 생겼습니다. 축구처럼 저절로 생긴 것이 아니고, 스포츠 관계 박사들이 연구해서 만들어진 경기입니다.

답 16

③ 양쪽 모두 같다

배구나 농구 모두 최저 7미터로 정해져 있습니다. 특히, 배구는 가능하면 12미터 이상이 좋다고 합니다.

답 17

① 6인제

9인제에서는 서브권이 없어도, 포인트를 따면 그 때마다 득점으로 인정됩니다. 9인제는 극동식이라고 하는데, 21점을 따면 그 세트를 이기게 됩니다. (6인제에서는 15점입니다.)

스포츠 용어

문 18

'홀인원'이라는 스포츠 용어가 있습니다. 이 용어는 어느 경기에서 사용되는 것일까요?

① 볼링
② 럭비
③ 골프

문 19

'터치 다운'이라는 득점 방법이 있는 것은 어느 스포츠일까요?

① 축구
② 미식 축구
③ 크리켓

◐ 스포츠에서는 독특한 말이 사용됩니다. 이것을 알고 있으면 더욱더 흥미를 느끼게 될 것입니다.

답 18

③ 골프

홀인원이란, 골프에서 사용되는 용어입니다. 제1타가 직접 그 홀의 컵 속으로 들어가는 것을 말합니다. 공을 치는 장소(티그라운드)에서, 구멍(컵)까지를 1홀이라고 합니다. 보통 18홀로 승부를 결정짓습니다.

답 19

② 미식 축구

미식축구(아메리칸 풋볼)에서는 상대방 골로 볼을 갖고 뛰어들거나 골 안의 선수에게 패스를 해서, 그것을 받으면 득점이 됩니다. 이것을 터치 다운이라고 합니다. 득점은 3점입니다.

윔블던

문 20

테니스에는 경식 외에 연식도 있습니다. 이 연식 테니스(정구)는 어느 나라에서 시작된 것일까요?

① 미국
② 프랑스
③ 일본

문 21

1873년, 영국에서 현재의 테니스가 창시되었습니다. 그리고 1877년에 유명한 대회가 시작되었습니다. 그 대회는 어느 것일까요?

① 윔블던
② 데이비스 컵
③ 전미 선수권 대회

문 22

서브를 두 번 모두 실패하는 것을 무엇이라고 할까요?

① 서브 블레이크　　② 서브 폴트
③ 더블 폴트

◐ 테니스도 인기 있는 스포츠입니다. 라켓을 들고 코트에 선 모습이 멋지지 않습니까?

답 20

③ 일본

연식 테니스(정구)는 일본에서 창시한 스포츠입니다. 경식에는 싱글(1대 1로 하는 시합)과 더블(2대 2로 하는 시합)이 있습니다. 그러나 연식에서는 되도록이면 많은 사람이 참여할 수 있게 하기 위해 더블밖에 없습니다.

답 21

① 윔블던

영국 런던 교외에 있는 윔블던에서 거행되는데, 정식 이름은 전영 선수권입니다. 전영 선수권, 전미 선수권(미국), 전불 선수권(프랑스), 전호 선수권(오스트레일리아)을 4대 타이틀이라고 합니다.

답 22

③ 더블 폴트

서브는 2번 넣을 수 있습니다. 첫번째를 실패하면 폴트가 됩니다. 2번째도 실패하면 더블 폴트가 되어, 상대방에게 점수를 주게 됩니다.

테니스의 득점

문 23

테니스에서는 득점을 세는 방법이 특이합니다. 처음은 0(러브라고 합니다)입니다. 그 다음부터는 어떻게 셀까요?

① 1→2→0
② 15→30→45
③ 15→30→40

문 24

네트 근처에서 공을 쳤을 때, 달려온 힘 때문에 자기의 손이 네트를 건드리고 말았습니다. 자, 어떻게 될까요?

① 상대의 득점이 된다
② 그대로 계속한다
③ 서브를 넣고 다시 시작한다

◐ 보는 것만으로도 즐거운 테니스. 규칙을 알면 더욱더 재미있어서 자신도 직접 해 보고 싶어집니다.

답 23

③ 15→30→40

테니스의 득점을 세는 법은 이처럼 다른 경기와는 전혀 다릅니다.

답 24

① 상대의 득점이 된다

손뿐이 아니라, 입고 있는 옷이나 시계 따위가 닿아도 상대에게 점수를 주게 됩니다.

베드민턴과 탁구

문 25

배드민턴의 셔틀(셔틀콕=공)과 탁구공은 어느 쪽이 가벼울까요?

① 배드민턴의 셔틀콕
② 탁구공
③ 무게는 같다

문 26

배드민턴과 탁구에는 모두 복식이 있습니다. 반드시 교대로 쳐야 하는 것은 어느 쪽일까요?

① 배드민턴
② 탁구
③ 양쪽 모두 교대로 쳐야 한다

문 27

배드민턴과 탁구에서, 서브권이 있는 쪽에서만 득점을 할 수 있는 것은 어느 쪽입니까?

① 배드민턴
② 탁구
③ 양쪽 모두 서브권이 있는 쪽에서만 득점할 수 있다

◐ 어느 쪽이나 손쉽게 할 수 있는 스포츠입니다. 휴식 시간이나 방과 후에 누구나 해 본 적이 있을 것입니다.

답 25

② 탁구공

탁구공은 경식으로, 2.5그램입니다. 배드민턴의 셔틀콕은 4.75~ 5.5그램입니다.

답 26

② 탁구

탁구의 복식에서는 두 번 계속해서 칠 수 없습니다. 배드민턴은 한 선수가 몇 번을 쳐도 상관없습니다.

답 27

① 배드민턴

배드민턴은 6인제 배구와 마찬가지로, 서브권이 있을 때만 득점이 됩니다. 탁구는 어느 쪽이 서브를 넣든 이긴 쪽에 득점이 됩니다.

손? 발?

문 28

다음 중 발을 사용하면 안 되는 스포츠는 어느 것일까요?

① 핸드볼
② 축구
③ 럭비

문 29

그러면 다음 중 손을 사용하면 안 되는 스포츠는 어느 것일까요?

① 미식 축구
② 축구
③ 럭비

◐ 스포츠에는 여러 가지가 있습니다. 손을 사용하거나 발을 사용하거나 도구를 사용하거나… 각양 각색입니다.

답 28

① 핸드볼

축구와 럭비는 발로 공을 차도 괜찮지만, 핸드볼은 손밖에 사용할 수 없습니다. 단, 골키퍼는 발도 사용할 수 있습니다.

답 29

② 축구

축구는 골키퍼 외에는 손으로 볼을 잡아서는 안 됩니다. 대표적인 남성 스포츠의 하나인 럭비, 몸과 몸이 맞부딪치는 장면은 박력 만점입니다.

럭 비

문 30

야구 등에서 대량 득점이 되는 것을 럭비 스코어라고 하는데, 럭비의 트라이는 몇 점일까요?

① 4점
② 2점
③ 1점

문 31

럭비 경기가 끝났을 때 심판이 호각을 불고 선언하는 말은 무엇일까요?

① 타임 오버
② 게임 오버
③ 노사이드

미니 상식

◐ 럭비의 기원

럭비는 축구에서 파생된 스포츠입니다. 1823년 영국의 럭비라는 학교에서 축구 경기가 거행되었습니다. 그 때, 흥분한 윌리엄 웨프 엘리스 소년이 손으로 공을 잡는 반칙을 범했습니다. 이것이 계기가 되어 럭비가 생겨난 것입니다. 럭비의 정식 이름은 럭비 풋볼이라고 합니다. 또, 축구는 어소시에이션 풋볼이라고 합니다.

◐ 남성의 스포츠라고 불리는 럭비. 몸과 몸이 부딪치는 모습은 박력 만점입니다.

답 30

① 4점

트라이를 하면 4점을 줍니다. 트라이에 성공하면 골대를 향해 킥을 할 수 있습니다. 그것이 성공하면 다시 2점이 가산됩니다. 페널티 킥이나 드롭 킥에 의한 골은 3점을 줍니다.

답 31

③ 노사이드

노사이드란, 이 호각으로 적과 아군의 구별이 없어진다는 뜻이 되는, 럭비에만 있는 경기가 끝남을 알리는 말입니다. 신사의 나라라고 하는 영국인의 특징을 나타낸 말입니다.

인원은 몇 명일까요?

문 32

경기에 출장하는 인원수가 가장 많은 스포츠는 어느 것일까요?

① 야구
② 축구
③ 럭비

문 33

그러면, 다음 스포츠 중에서 출장 인원수가 가장 적은 것은 무엇일까요?

① 농구
② 핸드볼
③ 아이스하키

문 34

게임이라기보다는 격투기에 가깝다고 하는 미식 축구는 아이스하키와 비슷합니다. 그런데 아이스하키에서 선수석(벤치)으로 들어갈 수 있는 선수는 20명인데, 미식 축구에서는 몇 사람까지일까요?

① 15명까지
② 25명까지
③ 무제한

◐ 혼자만 달리는 스포츠, 1대 1로 겨루는 스포츠, 팀끼리 겨루는 스포츠, 경기를 하는 인원수도 여러 가지입니다.

답 32

③ 럭비

럭비는 15명까지 출장할 수 있습니다. 야구는 9명, 축구는 11명으로 경기를 합니다. 그리고 경기에 출장하고 있는 선수를 가리켜서, 야구의 경우는 나인(9명이라는 뜻), 축구는 일레븐(11이라는 뜻), 럭비는 피프틴(15라는 뜻)이라고 합니다.

답 33

① 농구

농구는 5인제입니다. 아이스하키는 6명, 핸드볼은 7명으로 경기를 합니다.

답 34

③ 무제한

실제로 경기를 하는 인원수는 11명이지만, 벤치에는 30명이든 50명이든 아무리 많이 들어가 있어도 상관없습니다. 교대도 마음대로 합니다.

수 영

문 35

수영에 자유형이란 종목이 있는데, 정식으로는 어떤 수영법으로 헤엄쳐야 할까요?

① 배영
② 접영
③ 어떤 수영법도 괜찮다

문 36

정식 수영 경기를 하는 수영장의 길이는 몇 미터일까요?

① 25미터 이상
② 50미터
③ 50미터 이상

문 37

4가지 종목을 계속해서 헤엄치는 경기를 혼계영이라고 합니다. 특히, 혼자서 전부 헤엄치는 것을 개인 혼계영이라고 하는데, 그 때 맨 처음 헤엄치는 종목은 무엇일까요?

① 배영
② 접영
③ 아무 형이나 괜찮다

◐ 여름이 되면 바다나 수영장이 기다려지지 않습니까?
헤엄칠 줄 모르는 사람도 힘을 내세요!

답 35

③ 어떤 헤엄법도 괜찮다

자유형이라는 이름 그대로 어떤 수영법도 괜찮습니다. 하지만 크롤이 제일 빠르므로, 모두 크롤로 헤엄치는 것입니다.

답 36

② 50미터

경기 대회에서 정식으로 기록이 인정되는 것은, 길이 50미터의 수영장뿐입니다.

답 37

② 접영

헤엄치는 차례는, 접영→배영→평영→자유형으로 정해져 있습니다. 4사람이 헤엄치는 릴레이(계영)는, 배영→접영→평영→자유형입니다.

과녁을 겨누어라

문 38

양궁에서, 과녁에 꽂힌 화살에 다음 화살이 꽂혔을 때 득점은 어떻게 될까요?

① 2배가 된다
② 4배가 된다
③ 변하지 않는다

문 39

사격은 대중적으로는 그다지 보급되지 않은 스포츠입니다. 권총이나 라이플(소총)을 사용하여 표적을 맞히는 것인데, 가장 작은 표적은 어느 정도일까요?

① 지름 10센티미터
② 지름 1센티미터
③ 1밀리미터

◐ 만화의 주인공처럼 백발 백중의 명사수가 과연 있을까요?

답 38

③ 변하지 않는다.

앞에 쏜 화살에 다음 화살이 꽂히는 것을 말하는데, 이것은 매우 희귀한 일입니다. 아무리 잘 쏜다 해도 거의 불가능한 일이지만 득점은 변함이 없습니다.

답 39

③ 1밀리미터

라이플(소총)사격에서 가장 작은 표적은, 10미터 거리에서 지름 1밀리미터의 표적을 맞히는 것입니다. 바늘 구멍을 꿰뚫는 것 같으므로, 신기에 가까운 것입니다.

경기와 결과

문 40

다음 스포츠 중에서 출장하는 선수가 체중별로 나누어지는 것은 어느 것일까요?

① 스키
② 역도
③ 보트

문 41

다음 스포츠 중에서 무승부가 없는 것은 어느 것일까요?

① 레슬링(아마추어)
② 럭비
③ 복싱

문 42

다음 격투기 중, 이긴 후에 두 손을 높이 쳐들고 승리의 환성을 지르거나 하면, 패자가 되어 버리는 것은 어느 것일까요?

① 검도
② 유도
③ 레슬링

◐ 잘 하는 사람이나 서툰 사람이나 빨리 경기를 하고 싶겠지요? 그리고 역시 결과가 궁금합니다.

답 40

② 역도

역도는 체중별로 급수가 나누어져 있습니다. 이 밖에 레슬링 · 복싱 · 유도 등도 체중별로 급수가 나누어집니다. 체격이 큰 사람은 힘이 세므로, 불공평하지 않게 하기 위해서입니다.

답 41

① 레슬링(아마추어)

레슬링 경기에는 무승부가 없습니다. 레슬링은 상대방의 양 어깨를 매트에 대게 하면 폴 승입니다. 그러나 그것으로 승부가 나지 않을 때는, 판정승으로라도 반드시 승패를 결정짓습니다.

답 42

① 검도

검도는 예의 범절 같은 것이 규칙에 들어가 있는 스포츠입니다. 야릇한 행동을 취한다거나 이기고 나서도 도에 지나친 행동을 하거나 하면 실격이 되어, 져 버리는 경우도 있습니다.

육상 경기

문 43

육상 경기의 종목은 크게 나누면 3종류가 됩니다. 트랙 경기, 도로 경기와 또 하나의 경기는 무엇일까요?

① 혼성 경기
② 투척 경기
③ 필드 경기

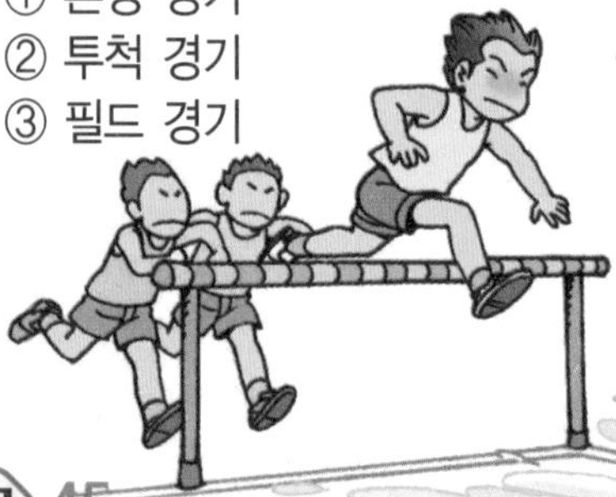

문 44

육상 경기인 트랙 경기는 오른쪽으로 돌까요, 왼쪽으로 돌까요?

① 오른쪽으로 돌기뿐
② 왼쪽으로 돌기뿐
③ 양쪽 모두 있다

문 45

1984년의 로스앤젤레스 올림픽에서, 미국의 칼 루이스 선수가 육상 경기에서 4개의 금메달을 획득했습니다. 100미터 · 200미터 달리기, 400미터 릴레이와 나머지 하나는 무슨 종목일까요?

① 800미터 달리기
② 넓이뛰기
③ 높이뛰기

◐ 뛰고, 던지고, 달린다. 육상 경기는 누구나 할 수 있는, 가장 오래된 스포츠입니다.

답 43

③ 필드 경기

넓이뛰기 · 삼단 넓이뛰기 · 투포환 · 투해머 따위는 필드 경기입니다. 도로 경기에는 마라톤과 경보가 있습니다. 100미터 달리기 · 200미터 달리기 · 릴레이 · 허들 등의 달리는 것을 겨루는 것이 트랙 경기입니다.

답 44

② 왼쪽으로 돌기뿐

1913년에 세계 육상 경기 연맹이 창립되었을 때, 모두 왼쪽으로 돈다는 규칙이 만들어졌습니다.

답 45

② 넓이뛰기

칼 루이스 선수는 이 4종목에서 금메달을 땄습니다. 이 기록은 1936년의 베를린 올림픽에서, 미국의 제시 오엔스 선수가 기록한 이래 두 사람째의 기록이었습니다.

마라톤

문 46

마라톤을 하는 도중에 넘어졌을 때, 다른 사람의 도움으로 일어나서 뛰면 어떻게 될까요?

① 실격이 된다
② 그대로 달려도 좋다
③ 반칙으로 2분이 가산된다

문 47

마라톤 경기에 관한 문제입니다. 다음에 열거한 것 중에서, 실제로는 없었던 일은 어느 것일까요?

① 맨발로 뛰어서 우승했다
② 도중에 화장실에 들렀다 왔어도 우승했다
③ 절반을 뒤를 보고 달려서 우승했다

◐ 42.195킬로미터를 계속해서 혼자 달리는 마라톤은, 무엇보다도 강한 체력과 정신력이 승부의 갈림길입니다.

답 46

① 실격이 된다

도중에 넘어진 선수의 몸에 다른 사람이 손을 대면 실격이 되고 맙니다.

답 47

③ 절반을 뒤를 보고 달려서 우승했다

①과 ②는 실제로 있었습니다. 에티오피아의 아베베 선수는 로마 올림픽에서 맨발로 뛰어 우승했습니다. 그리고 미국의 쇼터 선수는, 달리는 도중에 풀 숲으로 들어가 볼일을 본 후에 다시 달려서, 결국은 우승을 했습니다.

스키와 스케이트

문 48

스키에는 활강 경기·점프 경기·활주 경기의 3종류가 있습니다. 가장 두꺼운 스키판을 신는 종목은 어느 것일까요?

① 활주 경기
② 점프 경기
③ 활강 경기

문 49

스케이트 경기에는 크게 나누면 2종류가 있습니다. 하나는 스피드 스케이트인데, 또 한 가지는 무엇일까요?

① 아이스 댄싱
② 페어 스케이트
③ 피겨 스케이트

◐ 겨울에는 춥다고 해서, 방 안에만 웅크리고 있어서는 안 됩니다. 겨울에도 적당한 운동을 하여 몸을 단련합시다.

답 48

② 점프 경기

스키 점프는, 다른 종목에 비해서 두껍고 긴 스키판을 신고 경기합니다. 반대로, 스키 마라톤이나 거리 경기와 같은 활주 경기에서는, 짧은 스키판을 신고 경기합니다.

답 49

③ 피겨 스케이트

아이스 댄싱이나 페어 스케이트는 모두 피겨 스케이트 종목입니다. 스피드 스케이트는 빠르기를 겨루는 것이지만, 피겨 스케이트는 아름다운 자세나 정확한 연기를 겨룹니다.

산에 오르자

문 50

세계에서 가장 높은 에베레스트 산의 정상에 처음으로 오른 사람은 누구일까요?

① 아문센과 스코트

② 힐러리와 텐징

③ 마르코폴로와 셀파

문 51

등산을 할 때 배낭에 짐을 넣으려면, 무거운 짐과 가벼운 짐을 어떻게 넣으면 좋을까요?

① 배낭 위에 가벼운 짐, 밑에 무거운 짐

② 배낭 위에 무거운 짐, 밑에 가벼운 짐

③ 배낭 한가운데에 무거운 짐, 아래위에 가벼운 짐

◐ 왜 산에 오를까요? 거기에 산이 있으니까! 산에 오르는 것은, 역시 꿈과 낭만 때문일까요?

답 50

② 힐러리와 텐징

1953년 5월 29일에, 영국 등산대의 뉴질랜드 사람인 힐러리와, 네팔 사람인 텐징이 처음으로 에베레스트 산의 정상에 도달했습니다.

답 51

② 배낭 위에 무거운 짐, 밑에 가벼운 짐

산을 오를 때는 약간 몸을 앞으로 굽히고 올라갑니다. 그러므로 무거운 짐이 밑에 있으면 뒤로 끌어당기는 것처럼 느껴집니다. 반대로 무거운 짐이 위에 있으면 중량이 온몸에 고루 나누어져서 걷기 쉬워집니다.

좀 별난 스포츠

문 52

최근 철인 경기라는 것이 인기를 모르고 있습니다. 이것은 장거리 수영과 마라톤, 그리고 나머지 하나는 무엇일까요?

① 자전거
② 요트
③ 마술

문 53

운동회 때 빠지지 않는 경기 중에서, 옛날에 올림픽 종목이었던 것은 어느 종목일까요?

① 기마전
② 줄다리기
③ 공넣기

◐ 옛날부터 여러 가지 스포츠가 탄생되어 왔습니다. 그리고 현재도 별난 스포츠가 생겨나고 있습니다.

답 52

① 자전거

맨 처음이 장거리 수영으로 3.9킬로미터, 그 다음이 자전거로 180.2킬로미터, 마지막이 마라톤으로 42.195킬로미터를 총 17시간 이내에 들어와야 합니다. 단, 거행되는 장소에 따라 변경되는 경우도 있습니다.

답 53

② 줄다리기

줄다리기는 제2회 대회에서 제7회 대회까지, 육상 경기의 하나로 금메달 쟁탈전이 벌어졌습니다. 현재도 줄다리기의 세계 선수권전이 열리고 있습니다.

Sports

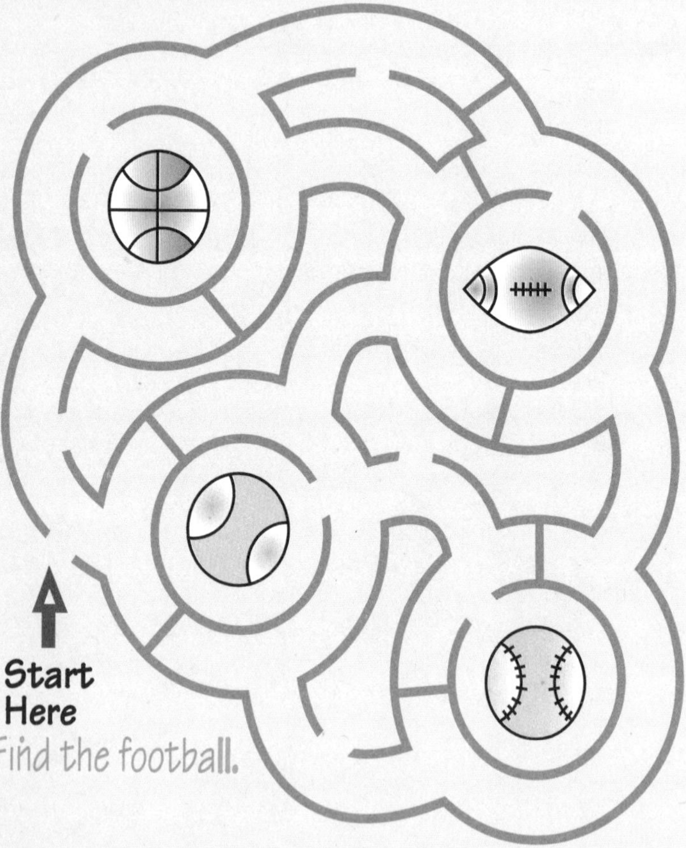

Find the football.

주변의 생활

음악 이야기

문 1

왈츠란 것은 어떤 일정한 리듬을 가진 춤곡입니다. 그런데 그 리듬은 몇 박자일까요?

① 2박자
② 3박자
③ 4박자

문 2

모차르트는 오스트리아가 낳은 작곡가입니다. 어릴 때부터 음악의 재능을 발휘하여, 신동이란 말을 들었습니다. 그렇다면 모차르트가 처음으로 작곡을 한 것은 몇 살 때일까요?

① 5살
② 10살
③ 15살

답 1

② 3박자

왈츠는 옛날부터 유럽에서 유행한 음악입니다. 남녀가 같이 원을 그리듯이 춤춘다고 해서 '원무곡'이라고도 합니다.

답 2

① 5살

모차르트는 3살 때 음악에 흥미를 느껴 4살 때 쳄발로라는 악기를 치고, 5살 때 작곡을 했다고 합니다. 그리고 6살 때는 교회와 여왕님 앞에서 연주를 했습니다. 8살 때는 첫 교향곡을 작곡했습니다.

그림 이야기

문 3

'영원의 미소'라고 하는 명화 《모나리자》. 그런데 이 명화는 누가 그린 것일까요?

① 피카소
② 레오나르도 다 빈치
③ 미켈란젤로

문 4

여러분이 그림을 그릴 때 사용하는 그림 물감, 즉 빨강·파랑·초록 등 깨끗한 색을 나타내는 그림 물감의 종류가 많습니다. 그런데 이 그림 물감에는 독이 있을까요?

① 흰색과 검은색에는 없지만 다른 색에는 있다
② 흰색과 검은색에만 있고 다른 색에는 없다
③ 모든 색에 독이 있다

답 3

② 레오나르도 다 빈치

《모나리자》는 1506년경에 그려진 명화입니다. 레오나르도 다 빈치는 이 작품 외에도 《최후의 만찬》·《성 안나와 성모자》 등 많은 명화를 그렸습니다. 또한 그는 천문학이나 건축학, 비행기의 실험 등 여러 가지 학문을 연구하여 '만능의 천재' 라고 불립니다.

답 4

③ 모든 색에 독이 있다

그림 물감은 색이 든 금속을 미세한 가루로 만들어서, 그것을 풀과 같은 것으로 반죽하여 만듭니다. 이 색이 든 금속을 중금속이라고 하는데, 시안이나 카드뮴, 코발트와 같은 인체에 해로운 것들뿐입니다.

영화 좋아합니까?

문 5

영화가 처음 만들어졌을 때는 영화 상영을 할 때 소리가 나오지 않았습니다. 우리 나라에서는 소리가 나오지 않는 대신에, 어떤 대사를 말하거나 장면을 설명하곤 했습니다. 이 사람들을 무엇이라고 했을까요?

① 성우
② 설명사
③ 변사

문 6

《백설 공주》와 《피노키오》 등, 많은 애니메이션 영화를 만든 미국 사람은 누구일까요?

① 디즈니
② 프라이크셔
③ 케네디

답 5

③ 변사

소리가 나지 않는 영화를 무성 영화 또는 사이런(사일렌이란 '조용한' 이라는 뜻) 영화라고 합니다. 변사는 화면에 나오는 사람들의 목소리를 교묘하게 흉내내어 대변했습니다. 그리고 그 옆에는 악사도 있어, 화면에 맞추어서 음악을 연주하기도 했습니다.

답 6

① 디즈니

디즈니는 1901년에 미국의 시카고에서 태어났습니다. 많은 고생을 하면서 애니메이션 영화를 만들어, 미키마우스 · 도널드 등의 많은 영화 스타(?)를 만들어 냈습니다. 아카데미 영화상을 30번 이상 수상했습니다.

트럼프

문 7

우리가 게임을 할 때 사용하는 트럼프. 그런데 이 트럼프란 말의 원래의 뜻은 무엇일까요?

① 으뜸패
② 승리
③ 행운

문 8

가까이에 트럼프가 있으면 잘 보세요. ♣6의 아래위는 다음 중 어느 것일까요?

① 

② 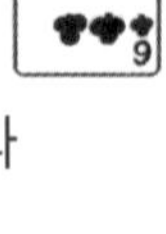

③ 아래위가 없다

답 7

① 으뜸패

트럼프라는 말은 포르투칼 어로 '으뜸패'라는 뜻입니다. 트럼프가 처음으로 들어왔을 때, 포르투칼 인이 게임을 하면서 곧잘 '트럼프!'(으뜸패)라고 해서, 그것이 이 카드놀이를 가리키는 말인 줄 알고, '트럼프'라는 이름이 붙었다고 합니다.

답 8

①

보통 트럼프의 아래위는, 마크의 위쪽을 향하고 있는 수가 많은 쪽이 위가 됩니다. 트럼프의 아래위는 점을 칠 때 중요한 뜻을 지니는 경우가 있습니다. 그러나 퀸이나 ♡2 등과 같이 아래위를 모르는 카드도 있습니다. 그런 경우는 표시를 해서 아래 위를 구별합니다.

정말일까?

문 9

목장에서 기르는 소의 위 속에는 어떤 이상한 물건을 넣어 두는 경우가 있습니다. 그것은 무엇일까요?

① 카메라
② 자석
③ 라디오

문 10

가게에서 파는 고양이의 먹이인 캣푸드는, 맛이 있는지 없는지를 도대체 누가 어떻게 맛을 볼까요?

① 사람
② 고양이
③ 기계로 실험한다

답 9

② 자석

목장의 소의 위 안에는 자석을 넣는 경우가 있습니다. 그 까닭은, 소는 목장에 떨어져 있는 못이나 철사를 먹이와 함께 먹어 버리기 때문입니다. 그냥 내버려 두면 위에 상처가 나기 때문에, 자석으로 한군데 모아 두었다가 나중에 끄집어 내는 것입니다.

답 10

② 고양이

수백 마리의 고양이를 기르면서 실험을 하여, 고양이가 가장 많이 즐겨 먹는 음식을 만들어 내는 것입니다.

달력에 대해서

문 11

1년 중에는 큰 달과 작은 달이 있습니다. 그런데 작은 달 중에서도 2월만은 왜 28일(평년인 경우)밖에 없을까요?

① 태양의 움직임이 2월만 다르니까
② 옛날의 임금님이 멋대로 2월의 날짜를 줄였다
③ 겨울을 짧게 하려고

문 12

4월 1일은, 거짓말을 해도 좋다고 해서 만우절이라고 합니다. 이 관습은 어느 나라에서 시작되었을까요?

① 영국 ② 중국 ③ 인도

문 13

12월 24일은 크리스마스 이브, 12월 25일은 크리스마스입니다. 그런데 크리스마스란 무슨 날일까요?

① 산타클로스의 생일날
② 태양이 생긴 날
③ 예수 그리스도가 탄생한 날

답 11

② 옛날의 임금님이 멋대로 2월의 날짜를 줄였다

오랜 옛날부터 2월이 29일, 8월이 30일이라고 달력을 조절하기 위하여 정해 놓았습니다. 그러나 로마의 황제인 아우구스투스가 8월에 전쟁에서 대승리 한 것을 기념하여, 8월을 31일로 하기 위해 2월을 28일로 해 버렸던 것입니다.

답 12

③ 인도

인도에서의 불교의 관습이 서양에 전해져서 지금처럼 만우절이 되었다고 전해집니다. 그래서 그 날은 남에게 폐가 되지 않는 거짓말이라면 용서받는다고 하는 날이 된 것입니다.

답 13

③ 예수 그리스도가 탄생한 날

크리스마스는 예수 그리스도가 태어난 날입니다. 그러나 그리스도가 태어나기 훨씬 전부터 이 날을 동지라고 해서 축하하는 관습이 있었습니다. 또, 그 날에 산타클로스가 선물을 보내 준다고 하는 것은 북 유럽의 전설에서 나왔습니다.

얼룩을 깨끗하게

문 14

매직 잉크가 묻었을 때는 어떤 것을 가지고 문지르면 깨끗해집니다. 어느 것일까요?

① 레몬 껍질
② 무말랭이
③ 으깬 포도

문 15

양복에 피가 묻어 얼룩이 졌습니다. 이럴 때는 어떻게 하면 좋을까요?

① 즉시 찬물로 씻는다
② 즉시 따뜻한 물로 씻는다
③ 마를 때까지 그냥 놓아 둔다

문 16

캠프장에서 기름기가 묻은 식기를 씻으려 했는데, 비누를 잊어버리고 왔습니다. 이럴 때는 어떻게 하면 기름기가 잘 빠질까요?

① 그냥 물로만 씻는다
② 그대로 햇볕에 말린다
③ 진흙으로 씻는다

답 14

① 레몬 껍질

레몬이나 오렌지 · 귤 껍질에는 기름 성분이 들어 있습니다. 때문에 유성 매직 따위의 얼룩을 지울 수가 있습니다. 시너와 같은 작용을 하는 것입니다.

답 15

① 즉시 찬물로 씻는다

피가 묻어 얼룩이 지면, 가능한 한 빨리 차가운 물로 씻는 것이 가장 효과적입니다. 피는 온도를 높이면 굳어 버립니다. 그러므로 시간이 지날수록 딱딱하게 굳어져서, 얼룩이 잘 없어지지 않습니다.

답 16

③ 진흙으로 씻는다

진흙으로 씻으면 오히려 더 더러워질 것 같지만 그렇지 않습니다. 진흙 속에는 기름기를 중화시키는 성분이 들어 있기 때문입니다.

과식을 하면

문 17

다음 음식물 중에서, 함께 먹으면 몸에 나쁜 것은 어느 것일까요?

① 밥과 빵
② 수박과 튀김
③ 김밥과 두부

문 18

더운 날에는 얼음물이나 아이스크림이 먹고 싶어지지요. 그런데 이 두 가지는 어느 쪽이 더 차가울까요?

① 얼음물
② 아이스크림
③ 똑같다

답 17

② 수박과 튀김

차갑고 단 수박과 기름기가 많은 튀김을 함께 먹으면, 배탈이 난다고 합니다. 이 밖에도 '뱀장어와 매실 장아찌' 나 '모밀과 우렁이' 와 함께 먹으면 좋지 않다고 합니다.

답 18

② 아이스크림

얼음물은 얼음이 되는 온도, 즉 약 0도입니다. 그러나 아이스크림의 경우, 소프트크림이 영하 5도, 일반적인 것은 영하 12도나 됩니다. 아이스크림은 시원하고 맛이 있다고 해서 한꺼번에 많이 먹으면 배탈이 나기 쉽습니다.

아이구 배 야~~
그럴줄 알았어

꽈당
매번 저렇게 혼나면서도··

요리의 지혜

문 19

양파를 자르면 눈물이 나옵니다. 왜 그럴까요?

① 양파 속에 자극성이 강한 가스가 들어 있어서
② 슬픈 일을 상기시키는 물질이 들어 있어서
③ 갑자기 눈병이 나서

문 20

사과를 깎아서 얼마 동안 놓아 두면 색깔이 빨개집니다. 왜 그럴까요?

① 벌거벗겨져서 부끄러우니까
② 표면이 변색하니까
③ 안에서 빨간 즙이 나오니까

미니 상식

◐ 삶은 계란과 날계란

영양 만점인 식품의 대표로 꼽히는 것이 계란입니다. 그런데, 날계란과 삶은 계란을 깨지 않고 식별하는 방법을 알고 있습니까? 자, 한번 실험해 보세요. 탁자 위에서 돌려 보면 금방 알 수 있습니다. 삶은 계란은 내용물이 굳어 있어서 잘 돕니다. 날계란은 속에 움직이는 물체가 있어서 잘 돌지 않습니다.

답 19

① 양파 속에 자극성이 강한 가스가 들어 있어서

양파를 자르면 양파 기름이 증발해서, 그것이 눈이나 코를 자극하는 것입니다. 물안경이나 가스 마스크를 쓰면 눈물은 나지 않지만, 더 좋은 방법은 양파를 둘로 쪼개어 잠시 물에 넣어 두면, 기름이 물에 녹아 버리기 때문에 눈이 따갑지 않습니다.

답 20

② 표면이 변색하니까

사과 속에는 공기와 접촉하면 색깔이 변하는 물질이 함유되어 있습니다. 이것을 정확하게 말하면 산화라고 합니다. 쇠가 녹이 스는 것과 마찬가지 이치인데, 사과의 그것에는 독은 없습니다. 이런 현상을 방지하기 위해서는 껍질을 깎은 사과를 소금물에 담가 놓으면 됩니다.

음식물의 이름

문 21

샌드위치라는 음식이 있는데, 이 이름은 어디서 따온 것일까요?

① 발명된 곳의 이름
② 발명한 사람의 이름
③ 영어로 '맛있는 빵'이라는 뜻

문 22

식빵이나 풀빵 따위의 '빵'이란 말은 어느 나라 말일까요?

① 영어
② 프랑스 어
③ 포르투갈 어

문 23

그레이프프루트라는 과일이 있습니다. 왜 이런 이름이 붙여졌을까요?

① 귤과 닮았지만 사실은 포도의 일종이니까
② 술을 담그면 포도주가 되니까
③ 포도처럼 송이로 열리니까

답 21

② 발명한 사람의 이름

옛날 영국에 샌드위치라는 카드놀이를 매우 좋아한 백작이 있었습니다. 이 백작이 나이프나 포크를 사용하지 않고, 카드놀이를 하면서 간단히 손으로 집어 먹을 수 있는 음식이 필요했기 때문에 발명한 것이 샌드위치입니다.

답 22

③ 포르투갈 어

포르투갈은 옛날 대발견 시대에는 브라질을 비롯하여 아시아 · 남 아메리카 대륙 등에 진출하여 많은 영토를 획득하는 등, 대단한 전성기를 누렸던 나라입니다. 그 시절에 동양에 전해진 말입니다.

답 23

③ 포도처럼 송이로 열리니까

그레이프프루트는 포도처럼, 한 가지에 많은 열매가 송이로 열려 자랍니다. 사실은 귤과에 속해 있는 식물입니다.

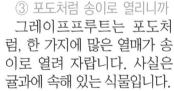

독, 세균!

문 24

병의 원인이 되기도 하는 세균이나 곰팡이 종류를 이용하여 만드는 음식물이 있습니다. 다음 중 어느 것일까요?

① 매실 장아찌
② 메주콩
③ 생선묵

문 25

다음 음식물 중에서 독이 있는 것은 어느 것일까요?

① 감자
② 무
③ 호박

답 24

② 메주콩

메주콩은 콩을 삶아 균을 이용해서 만드는 것입니다. 그리고 치즈 · 요구르트 · 된장 · 빵 따위도 모두 곰팡이나 세균을 이용하여 만듭니다. 술이나 맥주 따위의 알코올 종류도 모두 그렇습니다. 이처럼 곰팡이나 세균은 우리들 생활에 없어서는 안 되는 존재입니다.

할머니 메주콩에 곰팡이균이 있대요
그래 그것들이 된장과 간장을 맛있게 해주는 거란다
그러니 고맙다고 해야지

답 25

① 감자

감자를 자세히 보면, 군데군데 움푹 팬 홈이 있습니다. 이것은 감자의 씨눈인데, 이것에는 사람의 몸에 해로운 독 성분이 있습니다. 이것을 익히면 독이 제거되므로 삶거나 구워서 먹어야 합니다.

감자의 씨눈에 독이 있으니 모두 우벼 파내야지
너무 잔인해~

쉬어 가는 곳(미로 퍼즐)

Star

지구의 역사

지구의 형성

문 1

지구가 처음 형성되었을 때의 표면은 어떤 상태였을까요?
① 바다뿐이고 육지는 없었다
② 얼음에 덮여 있었다
③ 땅이 갈라진 곳에서 용암이 분출하고 있었다

문 2

우리들 인간이나 동물이 살아가는 데 필요한 산소는 언제쯤 만들어졌을까요?
① 지구가 형성되었을 때부터 있었다
② 20억~25억 년 전에 생겼다
③ 공룡 시대에 겨우 생겼다

답 1

③ 땅이 갈라진 곳에서 용암이 분출하고 있었다

지구가 형성되자, 곧 우라늄 따위의 방사성 원소가 내는 열로 땅 속이 가열되어 녹기 시작하였습니다. 그렇게 해서 녹은 용암(마그마)이 지구상의 여러 곳에서 분출하고 있었습니다. 바다 같은 것은 물론 아직 없었습니다.

답 2

② 20억~25억 년 전에 생겼다

용암과 함께 땅 속에서 분출한 수증기가 공기 중에 염소나 이산화탄소와 작용하여, 비를 만들어 그 비가 계속 내려서 바다가 생겼습니다. 그 바다 속에서 20억~25억 년쯤 전에 해초류가 나타나기 시작했습니다. 이 해초류가 이산화탄소를 빨아들여, 햇빛의 힘으로 산소를 만들어 낸 것입니다.

생물의 발생

문 3

지구상에 처음으로 나타났을 무렵의 생물에는 등뼈가 없었습니다. 곧 등뼈를 가진 생물이 나타났는데, 그 등뼈를 가진 최초의 생물은 다음 중 어느 것일까요?

① 조개
② 인간
③ 물고기

문 4

처음에는 바다에서만 살았던 동물이나 식물이 이윽고 육지로 올라온 것은 어느 것일까요?

① 식물
② 동물
③ 함께

문 5

3억 년쯤 전에 지구상에 모습을 나타내어, 지금도 집 안에서 흔히 볼 수 있는 곤충은 무엇일까요?

① 진드기
② 바퀴벌레
③ 귀뚜라미

답 3

③ 물고기

물고기가 처음으로 지구상에 나타난 것은 약 5억 년 전인 고생대라고 하는 시대입니다. 최초는 칠성장어 비슷한 종류였고, 다음에는 갑각류가 나타났으며, 차츰 현재와 같은 물고기로 변화해 왔습니다.

답 4

① 식물

육지에 생물이 나타난 것은 약 4억 년 전인데, 프실로피턴이라는 양치 식물입니다. 초창기의 식물은 물기가 많은 물가에서 자랐고 차츰 물기가 적은 곳에서도 살아갈 수 있는 힘을 길러서, 물가에서 떨어진 땅에서도 자랄 수 있게 되었습니다.

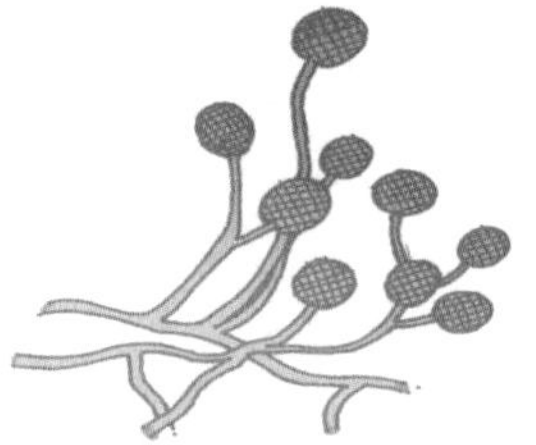

답 5

② 바퀴벌레

바퀴벌레는 곤충 중에서 가장 오래된 것의 하나로, 많은 화석이 발견되고 있습니다. 본래는 열대 지방에서 살았지만, 요즈음에는 우리 나라에도 수십 종이 서식하고 있습니다.

지각 변동

문 6

네팔과 중국 사이에 있는 에베레스트 산은, 옛날부터 세계에서 가장 높은 산이었던 것은 아닙니다. 그러면 수억 년 전에는 어떤 모양이었을까요?

① 평평한 초원
② 바다 밑
③ 현재의 절반쯤 되는 높이의 산

문 7

세계 지도를 오려서 대륙과 대륙을 퍼즐처럼 짜맞추어 보면, 어떤 사실을 알 수 있습니다. 다음 중 어느 것일까요?

① 모든 육지는 북반부에 있다
② 대륙의 요철부를 짜맞추면 거의 한덩어리로 이어진다
③ 육지가 바다보다 많다

답 6

② 바다 밑

에베레스트 산은, 8천 미터급의 높은 산이 연이어 있는 '세계의 지붕'이라 일컬어지는 히말라야 산맥에 있습니다. 이 산에서 발굴된 화석으로 미루어 보아, 히말라야 산맥은 수억 년전에는 바다 밑이었다는 것이 판명되었습니다. 현재의 인도는 옛날에는 훨씬 남쪽에 있었는데, 그것이 북쪽으로 이동해서 아시아 대륙과 충돌하여 히말라야 산맥이 생겨난 것이라고 추측하고 있습니다.

답 7

② 대륙의 요철부를 짜맞추면 거의 한덩어리로 이어진다

여러 가지 연구 결과, 현재 지구에 있는 대륙은 원래는 한덩어리였다고 추측하고 있습니다. 지도를 오려서 맞붙여 보면, 남북 아메리카의 동해안 선과 아프리카의 동해안 선처럼, 잘 들어맞는 것을 알 수 있습니다. 우리 나라의 지도는 아시아를 중심으로 그려져 있어 그런 것은 잘 모르겠지만, 지구의를 가지고 태서양을 중심으로 해서 보면 잘 알 수 있습니다.

화 석

문 8

암모나이트나 삼엽충의 화석(아득한 옛날, 생물의 시체나 발자국 따위가 남아 있는 것)은 그 화석이 출토된 지층의 시대를 알 수 있는 척도가 됩니다. 이와 같은 화석을 무엇이라고 할까요?

① 척도 화석 ② 표준 화석
③ 통일 화석

문 9

아득한 옛날의 생물은, 진화하거나 종류가 나누어져 모양이 바뀌어 왔습니다. 하지만, 드물게 그 때와 거의 바뀌지 않은 모양으로 현재도 생존하고 있는 것이 있어 '살아 있는 화석'이라 불리는 물고기는 무엇일까요?

① 실러캔스
② 삿갓해파리
③ 옛고래

문 10

'살아 있는 화석'은 식물에도 몇 가지 있습니다. 그 중에서, 우리 나라에서도 흔히 볼 수 있는 나무는 무엇일까요?

① 무궁화
② 은행나무
③ 느티나무

답 8

② 표준 화석

암모나이트나 삼엽충은 생존했던 시대가 한정되어 있고 종류도 많아, 연대에 따라 다릅니다. 따라서 그것들을 조사하면, 그 지층이 형성된 시대를 알 수 있습니다. 그리고 이 화석들은 전세계에 분포되어 있어서, 어디에나 적용시킬 수 있는 척도로 사용할 수 있습니다. 이러한 화석을 표준 화석이라고 합니다.

답 9

① 실러캔스

실러캔스는 약 4억 년 전부터 7천만 년 전까지 바다에서 많이 살고 있었습니다. 1938년에, 마다가스카르 섬에서 최초로 생포되었습니다. 아주 옛날의 것(화석종)은 부레가 폐로 변해 공기 호흡을 할 수 있었지만, 현재의 것(현존종)은 폐의 기능이 없어졌습니다. 그러나 현존종도, 3시간 정도는 땅 위에서 살 수 있습니다.

답 10

② 은행나무

은행나무는 암나무와 수나무가 따로 있는 희귀한 나무로, 암나무에는 은행이 열립니다. 은행나무의 선조는 약 2억 년 전에 지구에 나타났습니다.

공룡의 뇌

문 11

'공룡'은 '디노사우르스'라고 하는데, 이것은 어떤 뜻을 가지고 있는 것일까요?

① 어마어마한 큰 뱀
② 아주 옛날의 괴상한 짐승
③ 무서운 도마뱀

문 12

공룡과 인간이 함께 생활했던 시대가 있었을까요?

① 없다
② 있다
③ 모른다

문 13

인간의 뇌의 무게는 대체로 체중의 50분의 1정도입니다. 그러면 공룡의 뇌의 무게는 체중의 얼마 정도일까요?

① 약 250분의 1에서 500분의 1
② 약 2,500분의 1에서 5천분의 1
③ 약 2만5천분의 1에서 5만분의 1

답 11

③ 무서운 도마뱀

'디노사우르스' 라는 말은, 그리스 말의 '무섭다'는 말과 '도마뱀' 이라는 말의 합성어입니다.

답 12

① 없다

공룡은 '파충류 시대' 라고도 하는 중생대(92억 년 전에서 7천만 년 전)에 지구에 있었던 생물입니다. 가장 오래 전에 살았다는 인류인 '오스트랄로피테쿠스' 가 나타난 것이 지금으로부터 100만여 년 전이므로, 양 쪽이 함께 생활한 시대는 없었습니다.

답 13

③ 약 2만 5천분의 1에서 5만분의 1

공룡의 뇌의 크기는 그 몸의 크기에 비해 놀랄 만큼 작았습니다. 그래서 몸놀림도 둔하고 머리도 좋지 않았습니다. 특히 스테고사우루스는 꼬리에 바위가 떨어져도, 아프다는 것을 느끼기까지에는 10초가 걸렸다고 합니다.

공룡이 태어날 때

문 14

뱀이나 도마뱀은 알에서 태어나지만, 공룡은 어떻게 태어났을까요?

① 공룡은 모두 알에서 태어났다
② 육식 공룡만이 알에서 태어났다
③ 초식 공룡만이 알에서 태어났다

문 15

몸길이가 가장 긴 공룡은 디플로도크라고 하는 공룡인데, 몇 미터 정도였을까요?

① 15~17미터
② 25~27미터
③ 35~37미터

문 16

그러면 몸무게가 가장 무거운 육지의 공룡은 블라키오사우르스라는 공룡인데, 어느 정도의 무게였을까요?

① 20톤 정도
② 50톤 정도
③ 80톤 정도

답 14

① 공룡은 모두 알에서 태어났다

공룡은 뱀이나 도마뱀과 같은 파충류입니다. 따라서 모든 공룡은 알에서 태어납니다. 브론토사우루스처럼 거대한 공룡의 알은 지름이 1미터 정도는 되었으리라 추측됩니다.

답 15

② 25~27미터

북아메리카에 서식했던 공룡으로, 몸무게는 10톤 정도이고, 머리가 작고 목이 길어 날씬한 모습을하고 있었습니다.

답 16

③ 80톤 정도

북아메리카와 아프리카에 서식했던 공룡으로, 몸길이는 23미터였습니다. 아프리카코끼리는 6톤 정도밖에 안 됩니다.

조 상

문 17

새의 조상은 지금으로부터 약 1억 년 전에 지구에 나타났습니다. 그 조상은 무엇일까요?

① 태고새
② 시조새
③ 조상새

문 18

최초의 인류는 오스트랄로피테쿠스라 하고, 도구도 사용했지만, 그 때까지는 아직 원숭이와 비슷했습니다. 현재의 우리들과 비슷한 인류가 나타난 것은 훨씬 뒤의 일인데, 그 인류는 무엇이라고 할까요?

① 크로마뇽 인
② 네안데르탈 인
③ 호모 에렉투스

답 17

② 시조새

시조새는 공룡이 살았던 중생대 중엽에 나타났습니다. 날개는 있었지만 가슴의 근육이 약해 날지는 못하고, 나무에 기어올라 글라이더처럼 활주하는 정도였습니다. 깃털이 추위로부터 몸을 보호하고, 둥지를 만들어 새끼를 키우는 등의 성질이 있었기 때문에, 공룡이 멸종한 뒤에도 살아 남았습니다.

답 18

① 크로마뇽 인

지금으로부터 300만 년쯤 전에 오스트랄로피테쿠스가, 4만 년쯤 전에 크로마뇽 인이 나타났습니다. 생김새는 현대인과 비슷하고 도구를 사용했으며, 동굴에는 벽화(그림)를 남겼습니다. 크로마뇽 인은 인류의 직접적인 조상으로, 신인이라고 합니다. 네안데르탈 인은 석기나 불을 사용했으나, 크로마뇽 인보다 오래 전에 나타나 구인이라고 합니다. 그리고 호모 에렉투스(원인)는, 네안데르탈 인보다도 훨씬 오래 전에 나타났으며, 이들 신인 · 구인 · 원인(原人), 그리고 원인(猿人)을 화석 인류라고 합니다.

미니 상식

◐ 화석 인류

신인(新人)	크로마뇽 인 등 3만~ 5만 년 전
구인(舊人)	네안데르탈 인 등 4만~10만 년 전
원인(原人)	직립 원인, 북경 원인, 하리델베르크 인 등 50만 년쯤 전
원인(猿人)	오스트랄로피테쿠스 200만~300만 년 전

쉬어 가는 곳(미로 퍼즐)

Train

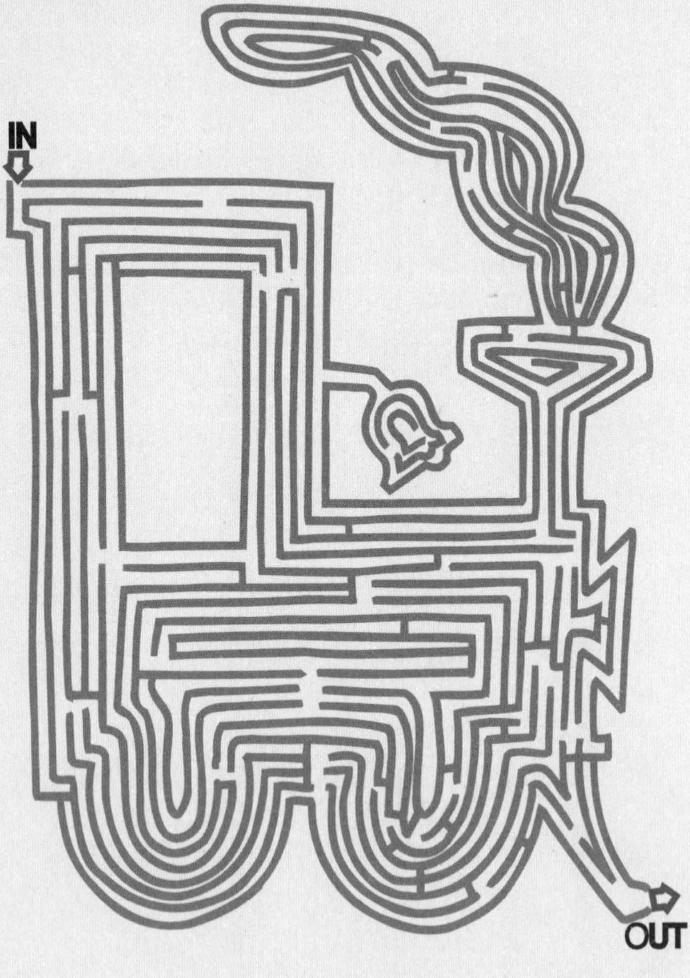

세계의 역사

실크 로드

문 1

세계 최초의 4대 문명은 큰 강 근처에서 발생했습니다. 다음 중 세계의 4대 문명이 아닌 것은?

① 나일 강의 이집트 문명
② 아마존의 아마존 문명
③ 인더스 강의 인더스 문명

문 2

세계의 고대 문명에서는 각각 어떤 문자를 사용했습니다. 다음 중 실제로는 없었던 문자는 어느 것일까요?

① 상형 문자
② 설형 문자
③ 굵은 문자

문 3

실크 로드라고 하는 것은 중국에서 유럽 입구까지 이어져 있는데, 옛날 사람들이 왕래한 길입니다. 그런데 이 실크 로드의 '실크'란 무슨 뜻일까요?

① 비단　② 낙타　③ 식료품

답 1

② 아마존의 아마존 문명

세계의 4대 문명이란, 나일 강의 나일(이집트) 문명, 인더스 강의 인더스 문명, 티그리스 · 유프라테스 강의 메소포타미아 문명, 황하의 황하 문명의 4가지를 말합니다.

답 2

③ 굵은 문자

상형 문자는 이집트 문명에서, 설형 문자는 메소포타미아 문명에서 사용된 문자입니다.

답 3

① 비단

옛날 사람들은 이 실크 로드를 이용하여 무역을 했습니다. 그 중에서도 중국의 비단이 유럽에서 많이 팔렸기 때문에, 이 길이 실크 로드(비단 길)라 이름지어졌습니다.

만리 장성

문 4

고대 문명에서는 실제의 정치를 점을 쳐서 시행한 곳도 있습니다. 중국의 황하 문명에서 행해진 점은 어느 것일까요?

① 뼈나 거북의 갑각을 태운다
② 소 뿔을 깎는다
③ 돼지의 꼬리를 물에 담근다

문 5

중국을 처음으로 통일한 것은 진나라의 시황제라는 임금입니다. 시황제는 외국의 군대가 나라 안으로 침입하지 못하도록 어떤 것을 만들었습니다. 무엇일까요?

① 거대한 전차
② 만리 장성
③ 대포

답 4

① 뼈나 거북의 갑각을 태운다

뼈나 거북의 갑각(등딱지)을 태울 때 생기는 금이나 모양 따위를 보고 길흉을 점쳤습니다.

답 5

② 만리 장성

만리 장성은 중국의 북쪽에 있는 흉노라는 사람들의 침입을 막기 위해 세워졌습니다.

트로이의 유적

문 6

트로이의 유적 발견자로 유명한 슐리만은 어떤 일이 계기가 되어 유적 발굴을 시작했을까요?

① 거리에서 본 포스터
② 잠자리에서 들은 어머니의 이야기
③ 어렸을 때 읽은 책

문 7

18세기 말경에, 나폴레옹이 이집트에서 가지고 돌아간 돌을 로제타 석이라고 합니다. 그 돌에 새겨진 문자를 해독한 프랑스 인의 이름은?

① 메글레
② 셜록 홈즈
③ 샹폴리옹

답 6

③ 어렸을 때 읽은 책

슐리만은 독일의 고고학자입니다. 어렸을 때 읽은 고대 그리스의 시인 호메로스가 쓴 트로이 전쟁이라는 책을 잊지 못하고, 먼저 돈을 벌어 부자가 되었습니다. 그 후, 1870년부터 16년이라는 오랜 세월에 걸쳐 유적을 발굴했습니다.

답 7

③ 샹폴리옹

샹폴리옹은 프랑스의 이집트 학자입니다. 11살 때 헤브루어, 12살 때 아라비아 어 · 시리아 어 · 카르디아 어를 배웠다는 어학의 천재입니다. 그는 이전에 해독한 상형문자와 로제타 석의 문자를 비교하여 같은 문자를 찾아내고, 그것을 단서로 해서 문장을 해독했습니다. 이것으로 고대 역사에 대한 연구가 진보했던 것입니다.

전화의 발명

문 8

1876년, 미국의 발명가 벨이 전화를 발명했습니다. 처음으로 전화가 통했을 때, 벨이 한 말은 어느 것이었을까요?

① 왓슨, 이리 와 봐
② 아니, 이럴수가
③ 야! 드디어 통했구나

문 9

세계 최초로 남극점에 도달한 사람은 누구일까요?

① 콜럼버스
② 스코트
③ 아문센

문 10

1927년, 미국 세인트루이스의 우편 비행사 린드버그는 세계 최초로 대서양을 쉬지 않고 비행했습니다. 그 때 비행한 비행기의 이름은?

① 뉴욕의 용사
② 아메리카의 근성
③ 세인트루이스 정신

문 11

가가린은 소련의 우주 비행사입니다. 1961년에 인류 최초의 어떤 일을 해냈을까요?

① 아폴로 11호로 달에 착륙했다
② 보스토크 호로 지구를 한 바퀴 돌았다
③ 브레주네프 3호로 화성에 착륙했다

지구는 파랑다

답 8

① 왓슨, 이리 와 봐

벨은, 처음에는 청각이나 언어가 자유롭지 못한 사람들의 선생님이 되었습니다. 그리고 조수인 왓슨과 전화의 연구에 열중하게 되었습니다. 전화가 완성되어, 마침내 실험을 하게 되었을 때, 벨은 황산을 그만 엎질러 버렸습니다. 그래서 엉겁결에, "왓슨, 이리 와 봐!"라고 한 말이 전화를 사용한 첫 말이었던 것입니다.

답 9

③ 아문센

노르웨이의 탐험가 아문센은 1911년에 세계 최초로 남극점에 도달했습니다. 영국 사람인 스콧보다 1개월 전의 일이었습니다. 그러나 1928년에 북극에서 행방 불명이 되었습니다.

답 10

③ 세인트루이스 정신

린드버그는 1927년에 미국 뉴욕에서 프랑스의 파리까지, 단 한 번도 착륙하지 않고 혼자서 비행했습니다. 거리로 따지면 약 5,800킬로미터, 시간은 33시간 반 동안 비행한 것입니다.

답 11

② 보스토크 호로 지구를 한 바퀴 돌았다

가가린은 농가에서 태어나, 항공 학교를 졸업한 후 군에 입대했습니다. 1961년 보스토크 1호를 타고, 인류 최초로 지구를 한 바퀴 돌았습니다. 그 때 걸린 시간은 1시간 48분이었습니다. 우주로 튀어나갔을 때의, '아름답다! 지구는 파랗다'라는 말이 유명합니다. 그 후 가가린은 보통 비행기를 타고 훈련하는 도중에 사고로 사망했습니다.

스파르타

문 12

지금부터 약 2,500년 전에도 올림픽이 열리고 있었습니다. 어느 나라에서 열리고 있었을까요?

① 그리스
② 로마
③ 이집트

문 13

다음 중 실제로 있었던 나라는 어느 나라일까요?

① 스파르타
② 린치
③ 베란다

문 14

옛날에 화산이 폭발해서 매몰된 도시가 있었습니다. 그 도시의 이름은 무엇일까요?

① 봉봉
② 봄베이
③ 봄비치

답 12

① 그리스

그 무렵에 그리스는 몇 개의 도시 국가로 나누어져 있었고, 그 나라끼리 올림픽에서 경기를 했습니다.

답 13

① 스파르타

기원전 9~8세기에, 현재의 그리스 근처에 세워진 국가입니다. '스파르타식 교육'이란 말은 이 스파르타라는 나라의 교육 방법에서 유래된 말입니다.

답 14

② 폼베이

폼베이는, 기원전 5세기경에 있었던 이탈리아의 도시입니다. 폼베이는 베수비오 화산의 폭발로, 도시 전체가 화산재와 용암에 묻히고 말았습니다.

스트라디바리 • 베토벤

문 15

지금으로부터 300여 년 전에 이탈리아에서 태어난 스트라디바리라는 사람은, 어떤 악기를 만드는 사람으로 유명했습니다. 그것은 무엇일까요?

① 피아노
② 바이올린
③ 피리

문 16

《운명》·《전원》 등으로 유명한 독일의 작곡가 베토벤은, 신체의 일부가 부자유롭게 되었습니다. 그것은 어느 부위일까요?

① 손가락
② 귀
③ 머리

답 15

② 바이올린

스트라디바리는 연구에 연구를 거듭한 끝에 바이올린을 개량하여, 많은 아름다운 음을 내는 바이올린을 만들어 냈습니다. 그가 만든 바이올린은 매우 아름다운 음을 낸다고 하여, 지금까지도 사용되고 있습니다.

답 16

② 귀

베토벤은 어릴 때부터 피아노를 배웠습니다. 25살 때 피아니스트로 데뷔하였고, 또 작곡가로도 명성을 떨치기 시작했습니다. 나이가 많아짐에 따라 귀가 들리지 않게 되었지만 작곡은 계속하여, 교향곡이나 피아노 소나타 등 많은 명작을 남겼습니다.

셰익스피어 • 안데르센

문 17

옛날 영국에 셰익스피어라는 유명한 작가가 있었습니다. 다음 중 그가 쓴 작품은 어느 것일까요?

① 피터 팬
② 로미오와 줄리엣
③ 바람과 함께 사라지다

문 18

《인어 공주》《성냥팔이 소녀》 등 많은 동화로 유명한 안데르센은, 어떤 직업을 가진 집에서 태어났을까요?

① 가난한 꽃집
② 가난한 잡화상
③ 가난한 구두 가게

답 17

② 로미오와 줄리엣

셰익스피어는 16세기 중엽의 영국 작가입니다. 그의 영향은 현재까지도 여러 가지 작품에 나타나 있습니다. 셰익스피어의 작품에는 사랑이나 복수 따위를 다룬 것이 많이 있습니다. 그 중 《로미오와 줄리엣》은 대표적인 사랑 이야기입니다. 《햄릿》·《리어왕》·《오셀로》·《맥베드》는 그가 쓴 4대 비극입니다.

답 18

③ 가난한 구두 가게

안데르센은 지금부터 180여 년 전에 덴마크에서 태어났습니다. 집안은 매우 가난했지만, 열심히 공부하여 대학까지 졸업했습니다. 그 후 여러 나라를 여행하며 많은 동화를 써서, 지금은 전세계 사람들이 읽고 있습니다. 그의 이름을 따서, 뛰어난 동화 작가에게 수상되는 '국제 안데르센 상'이 있습니다.

유명한 여성들

문 19

지금으로부터 약 2,000년 전, 이집트에 클레오파트라라는 여왕이 있었습니다. 그 클레오파트라는 흔히 무엇이라고 불렸을까요?

① 철가면
② 가냘픈 여왕
③ 절세의 미인

문 20

세계 역사에는 때때로 역사를 뒤바꾸어 놓을 만한 미녀가 등장합니다. 중국 당나라 때(8세기), 대단한 미녀로 유명했던 사람은 누구일까요?

① 마담 양
② 양귀비
③ 강청 여사

문 21

프랑스에 잔 다르크라는 여자 영웅이 있었습니다. 도대체 어떤 사람이었을까요?

① 프랑스의 여왕
② 프랑스 군의 지휘관
③ 프랑스의 천재 화가

문 22

이탈리아에서 태어나, 그 일생을 오로지 병든 사람의 간호에 바치고, 만국 적십자사의 기초를 닦은 여자는 누구일까요?

① 나이팅게일
② 테레사 수녀
③ 헬렌 켈러

답 19

③ 절세의 미인

클레오파트라는 그 아름다움으로 적의 정치가들을 사로잡아 나라를 지배했습니다. 클레오파트라의 코가 한 치만 낮았더라도 세계 역사가 바뀌었을 것이란 말이 있습니다.

답 20

② 양귀비

양귀비는 당나라(현재의 중국) 황제인 현종의 황후였습니다. 용모가 뛰어나고 머리도 명석해서 황제의 총애를 받았고, 그녀의 가족들은 높은 관직에 올랐습니다. 그러나 양귀비의 오빠가 출세하는 것을 시기한 사람들이 반란을 일으켜, 양귀비도 그 때 피살되었습니다.

답 21

② 프랑스 군의 지휘관

잔 다르크는 불과 19살의 나이에 전사한 프랑스 군의 지휘관이었습니다. 그 때 영국과 프랑스 사이에 '백년 전쟁'이 계속되고 있었습니다. 프랑스는 멸망할 위기에 놓여 있었는데, 겨우 19살밖에 안 되는 잔 다르크가 프랑스 군을 지휘하여, 프랑스를 승리로 이끈 것입니다. 1412년부터 1431년까지 살았습니다.

답 22

① 나이팅게일

나이팅게일은 이탈리아 태생의 영국인입니다. 1845년에 러시아와 터키의 크리미아 전쟁에서, 부상병을 간호하는 데 전력을 다했습니다. 나중에 영국 · 독일 · 프랑스 · 노르웨이로부터 표창을 받았습니다.

백년 전쟁

문 23

영국과 프랑스 사이에 일어난 전쟁 중에 '백년 전쟁'이라는 것이 있습니다. 이 전쟁은 정말 몇 년 동안 계속된 것일까요?

① 100년보다 더 오래 끌었다
② 꼭 100년
③ 100년까지는 안 된다

문 24

1455년에 영국에서 일어난 전쟁의 이름은 무엇일까요?

① 장미 전쟁
② 백합 전쟁
③ 국화 전쟁

우리 승패가 결정날때까지 끝까지 싸우자
좋다 백년천년 아니 세상이 끝날 때까지 싸우자

문 25

'노벨상'으로 유명한 스웨덴의 기술자 노벨은 무엇을 발명한 사람일까요?

① 전지
② 비행기
③ 다이너마이트

하지 말아야할 발명을 했어

답 23

① 100년보다 더 오래 끌었다

백년 전쟁은 1337년에서 1453년까지 계속된 전쟁이므로, 100년 이상 끈 전쟁입니다.

답 24

① 장미 전쟁

영국의 왕위 쟁탈을 둘러싼 전쟁으로, 요크 가는 흰 장미, 랭커스터 가는 붉은 장미의 기장을 달고 전쟁을 했습니다.

답 25

③ 다이너마이트

처음에 발명된 폭약은 매우 위험해서 큰 사고가 자주 일어났습니다. 그래서 노벨은 연구를 거듭하여, 1867년에 마침내 다이너마이트를 발명했습니다. 그런데 다이너마이트는 전쟁에도 사용되어, 노벨은 발명을 후회하고 또 가슴아파했습니다. 그 노벨의 유언에 따라, 과학과 평화에 공헌한 사람들에게 수여되는 '노벨상'이 제정된 것입니다. ①의 전지는 볼타, ②의 비행기는 라이트 형제가 발명했습니다.

미국의 초대 대통령

문 26

예수 그리스도는 어떤 최후를 마쳤을까요?

① 나이를 먹고 수명이 다해서
② 배신자에게 피살되었다
③ 여행지에서 병에 걸려 돌아가셨다

우리가 이런자리에 왔다는건…
우리도 역사상 중요 인물이 될지도 몰라

문 27

마르코 폴로라는 사람이 쓴 책에서, 일본은 어떤 나라로 소개되어 있을까요?

① 보석의 나라
② 황금의 나라
③ 동화의 나라

문 28

미국의 초대 대통령이 된 사람은 누구일까요?

① 링컨
② 플랭클린
③ 워싱턴

답 26

② 배신자에게 피살되었다

그리스도의 열성적인 신자 가운데 한 사람인 유다의 배신으로, 골고다의 언덕 위에서 십자가에 못박혀 돌아가셨습니다. 그러나 그 3일 후에 부활했다고 합니다.

답 27

② 황금의 나라

마르코 폴로가 쓴 《동방 견문록》이란 책에, 일본(지팡구)은 황금의 나라로 소개되어 있습니다.

답 28

③ 워싱턴

워싱턴이 태어났을 무렵에는, 미국은 아직 영국의 식민지였습니다. 1775년에 영국과의 사이에 미국의 독립을 위한 전쟁(독립 전쟁)이 시작되자, 워싱턴은 독립군의 총사령관이 되어 대활약을 했습니다. 그리고 1789년에 워싱턴은 미국의 초대 대통령이 되었습니다.

세계에서 가장 오래된 우표

문 29

세계에서 가장 오래된 우표는 영국에서 발매되었습니다. 발매된 것은 언제쯤이었을까요?

① 1800년
② 1820년
③ 1840년

문 30

세계에서 제일 먼저 텔레비전을 방송한 나라는 어디일까요?

① 미국
② 영국
③ 프랑스

답 29

③ 1840년

1840년에 영국에서 발매된 1페닌짜리 우표가 세계에서 가장 오래된 우표입니다. 우표 표면에는 빅토리아 여왕의 초상이 인쇄되어 있습니다.

답 30

② 영국

집에 있는 텔레비전에 영상이 처음으로 비치게 된 것은, 1929년에 영국에서였습니다. 그러나 그 무렵의 텔레비전 수상기는 매우 비싸서, 일반 사람들은 엄두도 내지 못했습니다.

영국에선 텔레비전이 정말 그렇게 빨리 나왔어요?
다른 데 가서 물어봐 우린 근무중엔 잡담을 할 수 없다.

최초의 인공 위성

문 31

1957년, 소련은 세계 최초의 인공 위성을 발사하는 데 성공했습니다. 그 인공 위성의 이름은?

① 스푸트니크 1호
② 익스플로러 1호
③ 챌린저 1호

문 32

1969년, 미국은 인류 최초로 달 착륙에 성공했습니다. 그 달 착륙에 성공한 우주선의 이름은?

① 아폴로 11호
② 스카이러브 12호
③ 보이저 3호

답 31

① 스푸트니크 1호

스푸트니크 1호는 세계 최초로 발사에 성공한 소련의 인공 위성입니다. 발사한 날은 1957년 10월 4일이었습니다.

답 32

① 아폴로 11호

아폴로는 미국이 만든 우주선의 이름인데, 1972년 아폴로 17호까지 발사되었습니다. 그 중에서도, 인간을 처음으로 달에 올려 보낸 아폴로 11호는 특히 유명합니다. 그것은 1969년의 일입니다.

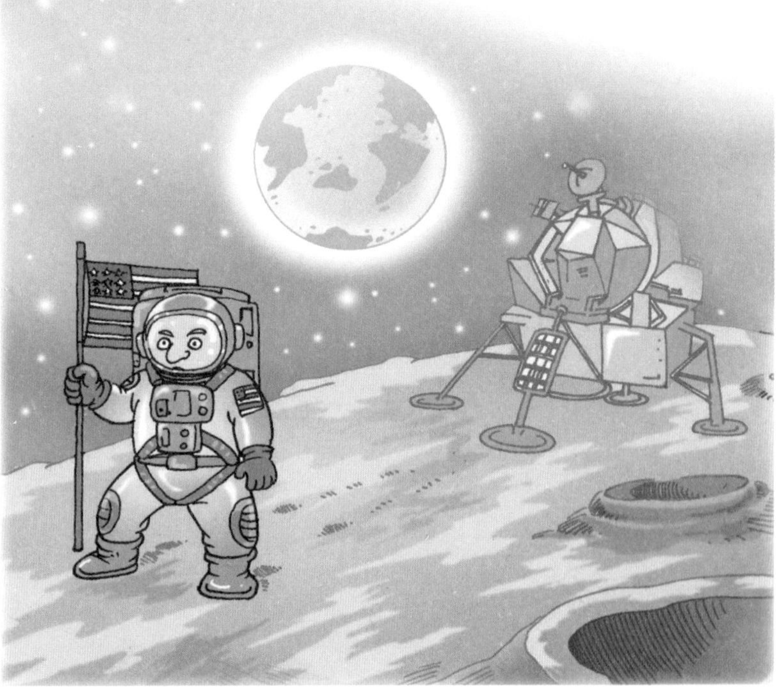

쉬어 가는 곳(미로 퍼즐)

Bird

발명 · 발견

음식물

문 1

캠프 따위에 가면 빠뜨릴 수 없는 것이 통조림입니다. 이 통조림의 발명에는 어떤 역사상의 인물이 관련되어 있습니다. 그것은 다음 중 누구일까요?

① 이순신 ② 나폴레옹
③ 엘리자베스 여왕

문 2

버터나 치즈 마가린은 우리 식생활에서 거의 없어서는 안 될 식품이 되어 가고 있는데, 이 세 가지 중에서 가장 최근에 만들어지기 시작한 것은 무엇일까요?

① 버터
② 치즈
③ 마가린

문 3

인스턴트 커피는 어느 나라에서 처음으로 만들었을까요?

① 일본
② 덴마크
③ 브라질

답 1

② 나폴레옹

19세기 초에 있었던 일인데, 나폴레옹은 전쟁 때 가지고 가는 식료품이 금방 상하는 데 대해 항상 고민을 하고 있었습니다. 그래서 나폴레옹은 현상금을 내걸고, 식료품이 상하지 않게 하는 방법을 연구하도록 하였습니다. 그 때 발명된 것이 통조림입니다.

답 3

① 일본

인스턴트 커피는 1899년에 일본의 가토 사르트리 박사가 발명했습니다.

답 2

③ 마가린

마가린이 만들어지기 시작한 것은 버터나 치즈에 비해 훨씬 최근의 일인데, 프랑스의 나폴레옹 3세 무렵(19세기 중엽)이었습니다. 버터는 기원전 3,000년경, 바빌로니아(지금의 이라크 근처)와 인도에서 만들기 시작했다고 합니다. 치즈도 4,000여 년 전에 벌써 식용으로 쓰였다고 합니다. 버터 · 치즈 · 마가린이라고 하면 비슷한 종류처럼 생각되지만, 사실은 그렇지 않습니다. 버터와 치즈는 우유를 가공해서 만드는 우유 제품에 속하지만, 마가린은 콩기름이나 물고기 기름이 원료로서 식용유에 속합니다.

종이의 발명

문 4

종이는 어느 나라에서 발명되었을까요?

① 이집트
② 중국
③ 한국

문 5

볼펜이 발명된 것은 언제일까요?

① 1973년
② 1943년
③ 1883년

문 6

지우개가 발명된 것은 몇 년 전쯤일까요?

① 50년 전쯤
② 100년 전 쯤
③ 200년 전 쯤

답 4

② 중국

1세기경, 중국의 후한이라는 나라의 관리였던 채윤이라는 사람이 종이를 발명했습니다. 고대 이집트에서는 파피루스라는 풀의 줄기로 종이 비슷한 것을 만들었습니다.

답 5

② 1943년

헝가리 인인 비로와 그의 형인 게오르규에 의해 발명되었습니다.

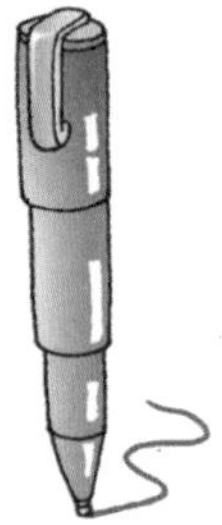

답 6

③ 200년 전쯤

프리스틀리라는 영국의 화학자가, 우연히 고무덩어리로 종이 위를 문지르다가 연필로 쓴 글씨가 지워지는 것을 알았습니다. 그래서 고무가 지우개로 사용하게 되었습니다.

온도계의 발명

문 7

옛날에는 아직 유리 거울이 발명되기 전에는 금속 거울이 사용되었습니다. 그러면 유리 거울을 발명한 나라는 어디일까요?

① 그리스
② 프랑스
③ 이탈리아

문 8

온도계를 발명한 사람은 다음 중 누구일까요?

① 에디슨
② 갈릴레이
③ 뉴턴

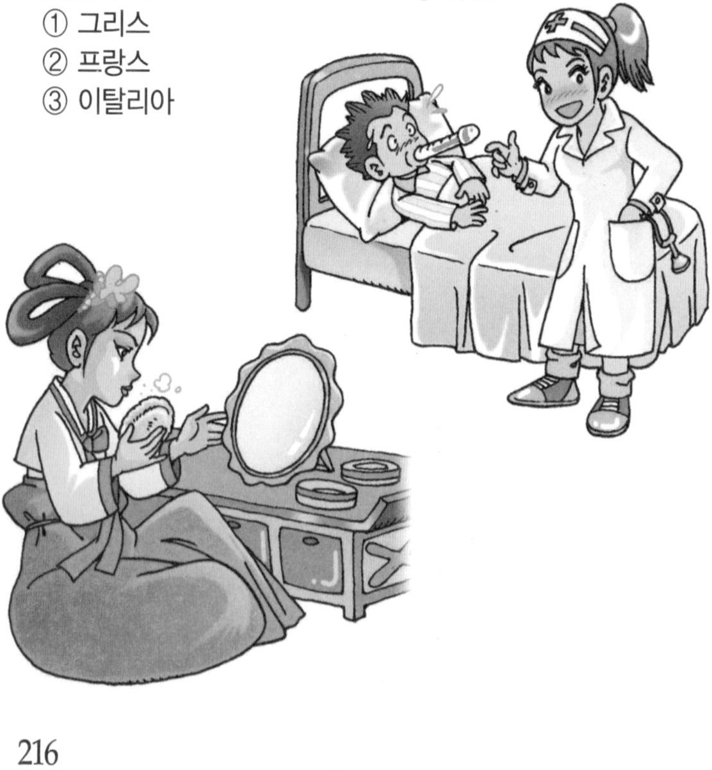

답 7

③ 이탈리아

1509년, 이탈리아의 다르가로 형제가 유리 뒷면에 은을 입힌 거울을 발명했습니다. 이탈리아에서는 거울 제조법을 오랫동안 비밀로 하고 있었습니다.

답 8

② 갈릴레이

유명한 천문학자이며 물리학자 · 수학자이기도 했던 길릴레오 갈릴레이가 처음으로 온도계를 발명했습니다. 그것은 16세기 말의 일이었습니다.

교통 기관

문 9

동력을 이용한 비행기로 맨 처음 하늘을 난 것은 라이트 형제인데, 이 때의 비행 시간은 얼마쯤이었을까요?

① 12초 동안
② 12분 동안
③ 12시간 동안

문 10

세계에서 처음으로 지하철이 개통된 것은 영국의 런던입니다. 그 때의 지하철은 무엇으로 움직였을까요?

① 전기
② 휘발유
③ 증기

문 11

컨베이어 시스템이란 방법으로, 값싸고 견고한 자동차를 많이 만들어 '자동차의 왕'이라고 불린 사람은 누구일까요?

① 헨리 포드
② 벤츠
③ 포니

답 9

① 12초 동안

1903년 12월 17일, 미국의 노스 캐롤라이나 주의 키티 호크 해안에서, 라이트 형제의 비행기는 12초 정도 날았습니다. 이것이 세계 최초의 비행기입니다. 이 때의 구경꾼은 단 5명이었습니다.

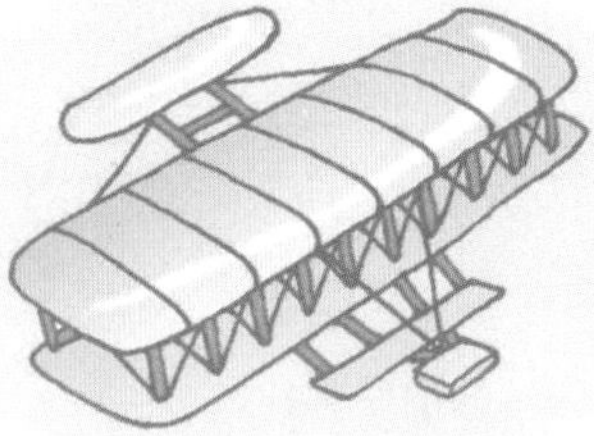

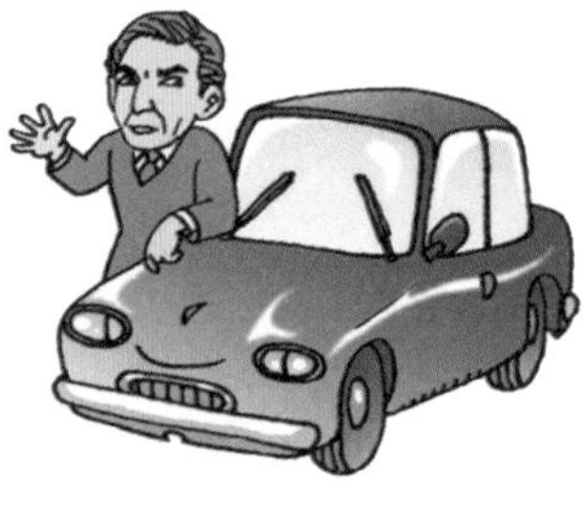

답 10

③ 증기

세계 최초의 지하철은 놀랍게도 증기 기관차가 끌었습니다. 그래서, 터널 중간에는 연기를 배출하기 위한 구멍이 여러 군데 뚫려 있었습니다. 그래서 승객들은 모두 검둥이가 되었지만, 인기는 대단했습니다.

답 11

① 헨리 포드

포드는 미국인으로, 1913년에 'T형 차'를 만들어 시판하기 사작했습니다. 이것이 처음으로 컨베이어 시스템으로 만들어진 자동차로, 1천5백만 대나 팔렸습니다. 벤츠는 독일의 벤츠 자동차 회사의 창업주입니다.

천동설과 지동설

문 12

이탈리아의 갈릴레오 갈릴레이는 근대 자연 과학의 아버지라고 불리는데, 기독교 교리에 어긋난 일을 했다 해서 재판에 회부되었습니다. 그 때, 갈릴레이가 한 말은 어느 것일까요?

① 그래도 지구는 둥글다
② 그래도 지구는 돌고 있다
③ 이제 곧 나의 시대가 올 것이다

문 13

숫자 0을 발견한 것은 어느 나라 사람이었을까요?

① 이집트
② 그리스
③ 인도

문 14

뉴턴이 사과가 떨어지는 것을 보고 발견했다는 것은 무엇일까요?

① 바람이 사과를 떨어뜨리는 힘
② 지구가 사과를 끌어당기는 힘
③ 사과가 지면을 때리는 힘

답 12

② 그래도 지구는 돌고 있다

갈릴레이가 살던 1,600년경은 아직, 지구는 움직이지 않고 태양이 지구의 둘레를 돌고 있다고 생각했습니다(이것을 천동설이라고 합니다). 그러나 갈릴레이는 지구는 둥글고, 회전하면서 태양의 둘레를 돌고 있다(이것을 지동설이라고 합니다)고 말했기 때문에 재판에 회부된 것입니다.

답 13

③ 인도

숫자의 0이라고 하면 인간 역사의 최초부터 있었던 것쯤으로 생각하겠지요. 그러나 0의 발견은 인간의 최대 발견 가운데 하나입니다. 인도에서는 기원전부터 1에서 9까지의 숫자와 0이라는 기호를 사용했습니다. 이것이 유럽으로 전해져서, 수학이 발달한 것입니다.

답 14

② 지구가 사과를 끌어 당기는 힘

뉴턴은 사과가 떨어지는 것은 지구가 사과를 끌어당기고 있기 때문이라고 생각했습니다. 그리고 '모든 것에는 서로 끌어당기는 인력이라는 힘이 작용하고 있다. 이 인력의 크기는 끌어당기는 물체의 무게와 그 사이의 거리에 따라 결정된다'는 법칙을 발견했습니다. 이 법칙을 만유 인력의 법칙이라고 합니다.

필라멘트

문 15

'인간은 생각하는 갈대'라고 말한 프랑스의 파스칼은, 1642년에 어떤 물건을 발명했습니다. 그것은 무엇일까요?

① 제초기
② 삼각자
③ 계산기

문 16

대나무를 재료로 해서 만든 발명품은 어느 것일까요?

① 벨이 발명한 전구
② 어디슨이 발명한 전구
③ 볼타가 발명한 전지

문 17

미국의 프랭클린이, 천둥을 연구하는 실험에 사용한 것은 무엇이었을까요?

① 풍선
② 연
③ 종이 비행기

답 15

③ 계산기

파스칼은, 세금 계산을 하는 일을 담당하는 아버지를 돕기 위해 계산기를 발명한 것입니다.

답 16

② 에디슨이 발명한 전구

전구 속에서 빛을 내는 가느다란 선을 필라멘트라고 합니다. 에디슨은 이 필라멘트의 재료를 찾기 위해, 여러 가지 물질로 실험을 했습니다. 그 결과 대나무의 섬유질이 가장 오래 견딘다는 것을 알아 냈습니다. 대나무는 1910년에 텅스텐으로 대치될 때까지 사용되었습니다.

답 17

② 연

프랭클린은 천둥의 정체가 전기란 것을 확인하기 위해, 천둥이 치는 날에 연을 날렸습니다. 천둥이 연에 닿자, 연줄을 타고 전기가 흘러내렸습니다. 프랭클린은 이것을 이용해서 피뢰침을 발명했습니다.

최초의 컴퓨터

문 18

증기의 힘으로 움직이는 증기 기관을 발명한 사람은 누구일까요?

① 뉴커먼
② 와트
③ 스티븐슨

문 19

방사선을 연구해서 라듐 등을 발견하여, 두 차례나 노벨상을 수상한 사람은 누구일까요?

① 뉴턴
② 퀴리 부인
③ 아인슈타인

문 20

최근의 컴퓨터의 진보는 눈부셔서, 노트북 등을 가지고 다니는 사람도 많아졌습니다. 그런데 세계 최초의 컴퓨터가 만들어진 것은 언제쯤일까요?

① 1946년
② 1956년
③ 1966년

답 18

① 뉴커먼

1712년에 영국의 뉴커먼은, 증기의 힘으로 탄광에서 물을 퍼올리는 기계를 발명했습니다. 와트는 증기 기관을 개량한 사람이고, 스티븐슨은 세계 최초로 증기 기관차를 달리게 한 사람입니다.

답 19

② 퀴리 부인

퀴리 부인(마리 퀴리)은 1903년에 남편인 피에르 퀴리와 함께 노벨 물리학상을 받았습니다. 그 후 피에르는 교통 사고로 사망했지만, 퀴리 부인은 연구를 계속해서 1911년에 노벨 화학상을 받았습니다. 또, 딸 이렌도 그의 남편과 함께 1935년에 노벨 화학상을 수상했습니다.

답 20

① 1946년

최초의 컴퓨터는 엑커트와 머클리 두 사람이 만들어 냈습니다. 그러나 그 컴퓨터는 많은 전력의 사용으로 높은 열이 발생하여, 냉각시키는 데 힘이 들었습니다. 그리고 고장도 많아서 계속해서 사용할 수가 없었습니다.

콜레라 균의 발견

문 21

프랑스의 파스퇴르는 음식물의 부패 과정을 연구하기 위해, 우유를 끓여서 바로 뚜껑을 덮는 실험을 했습니다. 우유는 어떻게 되었을까요?

① 즉시 부패했다
② 뚜껑을 열자 부패하기 시작했다
③ 뚜껑을 열어도 부패하지 않았다

문 22

많은 사람의 생명을 빼앗는 콜레라라는 전염병의 원인이 콜레라 균이라는 세균임을 발견한 사람은 누구일까요?

① 코흐
② 우장춘
③ 파스퇴르

문 23

1796년, 영국의 제너는 그 당시 악마의 병이라고 불리던 천연두의 예방법을 발견했습니다. 그것은 어떤 방법이었을까요?

① 건강한 소의 혈액을 주사한다
② 천연두에 걸린 소의 혈액을 주사한다
③ 천연두에 걸린 소의 고름을 주사한다

답 21

② 뚜껑을 열자 부패하기 시작했다

파스퇴르는 이 실험에서, 음식물은 저절로 부패하는 것이 아니라, 공기 중에 음식물을 상하게 하는 세균이 있다는 것을 발견했습니다.

답 22

① 코흐

1883년에 이집트에서 콜레라가 유행했을 때, 콜레라 환자의 대변에서 콜레라 균을 발견했습니다. 코흐는 또 결핵균도 발견했습니다.

답 23

③ 천연두에 걸린 소의 고름을 주사한다

우두(소의 천연두)에 걸린 사람은, 가벼운 열만 날 뿐 두 번 다시 천연두에 걸리지 않는다는 이야기가 옛날부터 전해 오고 있었습니다. 이것에 착안한 제너는 실제로 어린이들에게 우두의 고름을 접종시켜 보아서, 전해 온 이야기가 정말이었다는 것을 확인했습니다.

최초의 비타민 발견

문 24

최초로 현미경을 사용하여 세균을 관찰한 것은 네덜란드의 레벤후크라는 사람입니다. 그러면 다음 중 레벤후크가 관찰할 수 없었던 것은 무엇이었을까요?

① 바이러스
② 올챙이의 혈액
③ 이에 묻은 음식 찌꺼기

문 25

비타민은 단백질 · 탄수 화물 · 지방 · 무기질과 같이 중요한 영양소입니다. 이 비타민이 최초로 발견된 것은 어느 식품에서였을까요?

① 홍당무
② 귤
③ 현미

문 26

다음 중 발견자의 이름이 붙어 있는 것은 어느 것일까요?

① 레이저 선
② 뢴트겐 선
③ 적외선

답 24

① 바이러스

레벤후크가 만든 것은 300배로 보이는 현미경이었는데, 1673년의 일이었습니다. 이 현미경에 의해, 육안으로는 보이지 않을 정도로 미세한 생물이 있다는 것을 알아냈습니다. 바이러스란 아주 작은 미생물들로, 1932년에 전자 현미경이 발명되어, 수백만 배의 크기를 볼 수 있게 되고 나서 비로소 발견된 것입니다.

답 25

③ 현미

우리들이 늘 먹고 있는 쌀은, 현미에서 쌀겨를 제거한 백미입니다. 옛날부터 현미를 먹인 닭은 건강한데, 백미를 먹인 닭은 각기병에 걸리는 것을 보아, 현미 안에 중요한 영양소가 있을 것이라는 추측을 해 왔습니다. 1910년에 쌀겨에 비타민 B1이 있다는 것을 발견해 냈습니다.

답 26

② 뢴트겐 선

뢴트겐 선이란 뢴트겐 사진을 찍을 때의 엑스 선을 말합니다. 1895년에 독일의 뢴트겐이 발견했다고 해서 이 이름이 붙여졌습니다.

지리상의 발견

문 27

1492년, 이탈리아에서 콜럼버스가 아메리카 대륙을 발견했습니다. 콜럼버스는 처음에 어느 나라를 발견하려고 항해를 시작했을까요?

① 인도
② 오스트레일리아
③ 일본

문 28

뉴기니아나 뉴질랜드가 섬이란 것을 확인하고, 원주민밖에 없었을 무렵의 오스트레일리아를 탐험한 사람은 누구일까요?

① 캡틴 쿡
② 프란시스 드레이크
③ 바이코 다 가마

문 29

최초로 태평양을 횡단한 역사적인 인물은 누구일까요?

① 마르코 폴로
② 마젤란
③ 린드버그

답 27

③ 일본

그 무렵의 일본은 마르코 폴로의 동방 견문록에 의해, 지팡구라는 황금의 나라로 여기고 있었습니다. 콜럼버스는 대서양을 서쪽으로 항해하면 일본에 도착할 것이라 믿었고, 아메리카 대륙을 발견한 뒤에는 죽을 때까지 그 곳이 인도의 일부인 줄 알고 있었다고 합니다.

답 28

① 캡틴 쿡

영국인인 제임스 쿡(캡틴 쿡)은, 1768년부터 3회에 걸쳐서 대항해를 떠나, 그 때까지 알려지지 않았던 태평양의 섬들을 탐험했는데, 1779년에 하와이에서 원주민에게 살해되었습니다. 쿡의 탐험은, 캡틴 쿡의 태평양 항해기로 알려져 있습니다. 프란시스 드레이크는 영국 엘리자베스 1세 시대의 군인이며, 해적이었습니다. 바스코 다가마는 포르투갈의 항해사로, 1498년에 인도 항로를 발견한 사람입니다.

답 29

② 마젤란

마젤란은 포르투갈의 군인 · 항해사로 태평양이란 이름을 붙인 사람입니다. 1519년에 포르투갈을 출발하여 1520년 남 아메리카에서 마젤란 해협을 발견하고, 1521년에는 태평양을 횡단하여 필리핀에 도착했지만, 마크탄 섬에서 원주민에게 살해되었습니다.

체온과 키

문 30

사람의 키는 하루 동안에도 1~2센티미터 정도 차이가 납니다. 그러면 다음 시간 중에서 가장 키가 클 때는 언제일까요?

① 아침에 일어났을 때
② 저녁때
③ 잠자기 직전

답 30

① 아침에 일어났을 때

사람에게는 여러 개의 관절이 있습니다. 관절은 밤에 잠자는 동안 자라나므로 아침에 일어났을 때 키가 가장 큽니다. 낮에 운동을 하고 있는 동안에는 관절이 체중에 눌려 축소되어 키도 줄어듭니다. 그러므로 저녁때의 키는 아침에 일어났을 때와 비교하면, 1센티미터 가량 작아집니다.

생물의 신비

사자의 수수께끼

문 1

백수의 왕이라고 불리는 사자와 친척이 되는 동물은 어떤 것이 있을까요?

① 늑대
② 개
③ 고양이

문 2

사자는 새끼 때 몸에 무늬가 있습니다. 어떤 무늬일까요?

① 짙은 갈색 반점
② 검은 줄무늬
③ 이마에 반달 모양의 반점

문 3

한국에 야생 사자는 없습니다. 사자가 처음으로 한국에 들어온 것은 언제쯤이었을까요?

① 고려 시대　② 조선 시대 초
③ 대한 제국

답 1

③ 고양이

사자는 고양이과에 속합니다. 호랑이 · 치타 · 재규어 등의 맹수도 모두 고양이의 친척입니다. 몸집이 큰 사자는 몸길이 2.5미터, 몸무게 250킬로그램이나 되며 수컷만 갈기를 가지고 있습니다. 달리는 속도는 시속 60킬로미터 정도. 뛰는 힘을 보면 넓이뛰기는 12미터, 높이뛰기는 2.5미터나 오를 수 있습니다. 그 큰 몸뚱이로 달리는 모습은 정말 멋있습니다.

답 2

① 짙은 갈색 반점

이 짙은 갈색 반점은 특히 발 부분에 분명히 나타납니다. 하지만 자라나면서 차츰 없어집니다.

답 3

③ 대한 제국

1909년에 창경궁이 개원되었는데, 1911년에 일본 교토 동물원에서 사자 1쌍이 들어왔다는 기록이 있습니다.

코끼리의 수수께끼

문 4

코끼리는 어떻게 물을 마실까요?

① 발을 구부려 입을 대고 마신다
② 두 마리가 서로 마주 보고, 코로 빨아들인 물을 서로 먹여 준다
③ 코로 물을 빨아들이고 나서 코를 둥글게 말아 입으로 가져가 마신다

문 5

아기코끼리는 태어날 때까지 얼마 동안 어미코끼리 배 안에 있을까요?

① 6개월
② 10개월
③ 22개월

문 6

코끼리는 죽은 친구의 엄니를 나중에 다른 곳으로 숨겨 버린다고 합니다. 왜 그럴까요?

① 친구의 장례식을 치르기 위해
② 엄니를 많이 모으면 대장이 되니까
③ 먹어서 영양분을 섭취하기 위해

답 4

③ 코로 물을 빨아들이고 나서 코를 둥글게 말아 입으로 가져가 마신다

코끼리는 그 긴 코로 한꺼번에 5.7리터 정도의 물을 빨아올려, 그것을 입으로 가져가 마십니다. 하지만, 아직 젖을 먹는 아기코끼리는 입으로 직접 어미코끼리의 젖을 물고 마십니다.

답 5

③ 22개월

코끼리의 임신 기간(아기가 뱃속에 있는 기간)은 22개월로, 거의 2년 정도나 어미코끼리의 뱃속에 있습니다. 코끼리는 한 번에 1마리의 새끼를 낳는데, 태어났을 때의 몸무게는 100킬로그램 정도입니다.

②번은 사람의 임신 기간

답 6

① 친구의 장례식을 치르기 위해

코끼리는 총에 맞은 친구의 상처에 진흙을 바릅니다. 또는 시체에 흙과 나뭇잎을 덮어 주거나 시체의 엄니를 가져간다고 합니다. 그것이 코끼리의 장례식이 아닌가 추측되고 있습니다.

아프리카의 동물들

문 7

하마는 때때로 큰 입을 벌려 하품을 합니다. 이 하품은 무엇 때문에 하는 것일까요?

① 졸음을 쫓기 위해
② 훌륭한 이빨로 위협하기 위해
③ 식사를 하고 싶다는 신호

문 8

기린은 동물원에서 흔히 볼 수 있는 동물이지만, 뿔이 몇 개인지 의외로 알기 어렵습니다. 기린의 뿔은 몇 개일까요?

① 1개
② 2개
③ 5개

문 9

하마의 일족으로는 하마와 난쟁이하마가 있습니다. 하마는 피부의 조그마한 구멍으로부터 색깔이 있는 체액을 분비합니다. 어떤 색깔의 체액일까요?

① 핑크색 ② 녹색 ③ 청색

답 7

② 훌륭한 이빨로 위협하기 위해

특히 수하마는 자기의 힘을 다른 수하마들에게 과시하거나 암하마를 부를 때는, 큰 입을 벌리고 훌륭한 이빨을 보입니다.

답 8

③ 5개

머리 위에 2개, 눈 위쪽에 1개, 머리 뒤에 2개, 합해서 5개 있습니다.

답 9

① 핑크색

'피 땀' 이라고 합니다. 난쟁이하마는 무색 투명한 체액을 분비합니다.

팬더의 수수께끼

문 10

팬더는 대나무를 잘 먹습니다. 그런데 정글에서 사는 야생 팬더도 대나무를 먹을까요?

① 대나무 따위만 먹는다
② 고기나 물고기도 먹는다
③ 대나무 따위를 먹지만, 작은 새나 들쥐를 잡아 먹는 경우도 있다

문 11

팬더는 어린이들의 인기를 독차지하고 있습니다. 그런데 체중이 150킬로그램이나 되는 팬더의 새끼는 체중이 얼마나 될까요?

① 약 10킬로그램
② 약 4킬로그램
(사람과 비슷한 체중)
③ 약 100그램

문 12

팬더에는 몸집이 큰 팬더와 작은 팬더가 있습니다. 그런데 팬더를 다른 말로 어떻게 부를까요?

① 곰고양이
② 개고양이
③ 뱀고양이

답 10

③ 대나무 따위를 먹지만, 작은 새나 들쥐도 잡아 먹는다

팬더는 본래 초식 동물입니다. 그러나 몸의 소화 기관은 육류 등도 소화가 가능하도록 발달되어 있습니다. 야생 팬더는 대나무 따위의 먹이가 적어지면, 작은 새나 들쥐 또는 물고기 따위도 잡아먹습니다.

답 11

③ 몸무게 약 100그램

팬더는 큰 몸집을 가지고 있지만 아주 작은 새끼를 낳습니다. 새끼 팬더는 반 년 정도 어미의 젖으로 자라납니다.

답 12

① 곰고양이

팬더는 중국 등지의 산과 고지대의 숲, 또는 대나무 숲에서 서식합니다.

인기 동물의 수수께끼

문 13

코알라는 태어나서 반 년 정도 어미의 배 안에서 자라지만, 그 후 자립할 때까지 식사는 어디서 공급받을까요?

① 어미의 입으로부터
② 아비의 입으로부터
③ 어미의 항문으로부터

문 14

해달은 누워서 헤엄을 치며 배 위에서 익숙한 솜씨로 조개를 깨어 먹지만, 다른 것도 먹는다고 합니다. 무엇일까요?

① 해초
② 고래
③ 문어

문 15

펭귄은 새 종류이므로 알을 낳습니다. 그렇다면 알을 어떻게 부화할까요?

① 똑바로 선 채로, 뱃가죽으로 싸서 부화시킨다
② 입 안에서 부화시킨다
③ 축구공을 차듯이, 굴리면서 부화시킨다

답 13

③ 어미의 항문으로부터

코알라는 대나무의 일종인 유칼리(유칼립터스)의 잎만 먹습니다. 그러나 어릴 때는 어미가 항문으로 배설하는, 미처 소화되지 않은 부드러운 배설물을 먹습니다.

답 14

③ 문어

해달이 좋아하는 먹이는 조개나 성게 따위지만 물고기나 게, 문어 따위도 먹습니다. 해달은 육식성 동물이므로 해초류는 먹지 않습니다. 또 바다에서도 해안 가까이 서식하고 있어서, 고래 따위는 물론 먹지 않습니다.

답 15

① 똑바로 선 채, 뱃가죽으로 싸서 부화시킨다

펭귄은 발 위에 알을 올려놓고, 그 위에 폭신폭신한 배의 가죽으로 덮어서 부화시킵니다. 알을 부화시킬 때는 똑바로 서서 꼼짝하지 않고 서 있습니다.

원숭이의 친척들

문 16

고릴라는 원숭이의 친척 중에서는 가장 큰 동물입니다. 어떤 것을 먹을까요?

① 고기나 곤충 따위
② 나뭇잎이나 풀 따위
③ 고기 · 풀 모두 먹는다

문 17

긴코원숭이는 이름 그대로 코가 길어서, 10센티미터나 늘어져 있습니다. 그러면 이런 긴 코를 갖고 있는 것은?

① 새끼원숭이일 때만
② 암원숭이만
③ 숫원숭이만

문 18

다람쥐원숭이는 전세계의 극히 일부분에만 살고 있는데 어디일까요?

① 아이슬랜드
② 뉴질랜드
③ 마다가스카르

답 16

② 나뭇잎이나 풀 따위

죽순이나 셀러리 따위의 식물성인 것을 먹습니다. 고기나 곤충 따위 동물성의 것은 먹지 않습니다.

답 17

③ 숫원숭이만

새끼원숭이나 암원숭이는 그렇지 않고, 어른이 된 숫원숭이만 긴 코를 갖고 있습니다. 보루네오(동남 아시아)에 서식하고 있습니다.

답 18

③ 마다가스카르

다람쥐원숭이는 온몸이 긴 털로 덮여 있고, 손발에 긴 손가락이 있습니다. 나무 위에서 살며 야행성이고, 혼자서 삽니다. 먹이는 주로 과일이나 곤충의 애벌레 등입니다.

바다에 사는 동물들

문 19

고래는 호흡을 할 때 바닷물을 내뿜습니다. 이 때 코에서 뿜어올리는 것은 무엇일까요?

① 코 안으로 들어간 바닷물
② 입으로 마신 바닷물
③ 몸 속의 오줌

문 20

일각고래는 이름 그대로 주둥이 앞에 뿔 비슷한 것이 돋아 있습니다. 이 뿔처럼 생긴 것은 무엇일까요?

① 턱이 길어진 것(자란 것)
② 이가 길어진 것(자란 것)
③ 코가 길어진 것(자란 것)

문 21

전설적인 존재인 인어는 상반신은 사람이고 하반신은 물고기 모습을 하고 있습니다. 이 인어의 모델이 되었다는 동물은 무엇일까요?

① 해우(바닷소)
② 돌고래
③ 바다표범

답 19

① 코 안으로 들어간 바닷물

고래는 숨쉬는 힘으로 해면의 물을 치솟게 하는 경우도 있습니다. 그리고 고래는 입으로 바닷물을 들이마시지 않습니다. 호흡을 할 때 뿜어올리는 것이므로 오줌은 더욱 아닙니다.

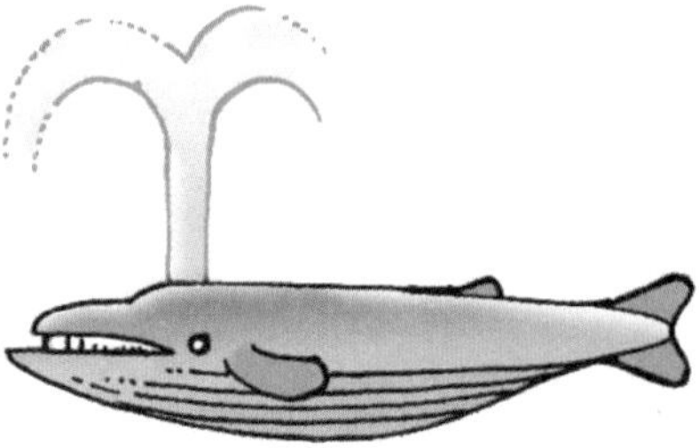

답 20

② 이가 자란 것

긴 것은 3미터나 되는데, 성장한 수컷에만 있습니다. 일각고래는 북극해에서만 서식하는데, 유니콘(Unicorn)이라고도 합니다.

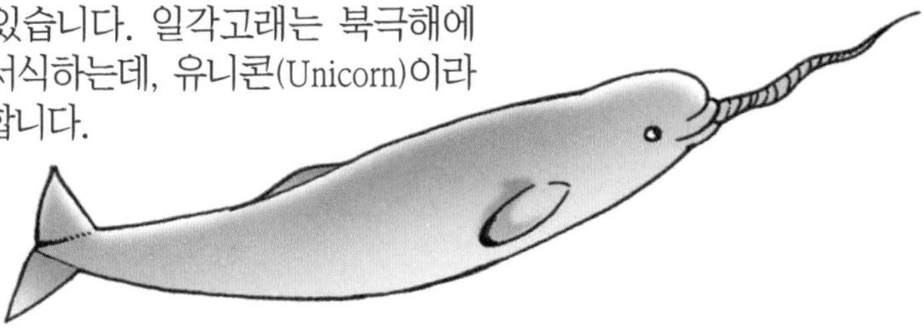

답 21

① 해우(바닷소)

해우의 친척에는 듀공 · 매너티 등이 있으며, 바다에 서식하는 것과 강에 서식하는 것이 있습니다. 듀공은 산호초가 있는 바다에 서식합니다.

추워도 걱정 없어

문 22

북극곰은 북극 지방의 해변에 서식하는데, 헤엄과 잠수가 특기입니다. 그러면 물 속에 얼마 정도 잠수할 수 있을까요?

① 1분 정도
② 2분 정도
③ 10분 정도

문 23

북극여우는 북극 등지에서 서식하는, 추위에 강한 여우입니다. 어느 정도의 추위에도 견딜 수 있을까요?

① 영하 30도
② 영하 50도
③ 영하 80도

문 24

눈표범은 표범의 일종이지만, 이름 그대로 어딘지 눈과 관계가 있는 동물입니다. 어떤 것일까요?

① 몸이 눈처럼 희다
② 몸에 눈 무늬가 있다
③ 눈이 많이 내리는 고지대에 서식한다

답 22

② 2분 정도

몸의 색이 흰색이어서 백곰이라고도 합니다. 바다표범이나 물고기, 돌고래 따위를 주로 잡아먹으며 여름에는 과일이나 해초, 새의 알도 먹습니다.

답 23

③ 영하 80도

보통 때는 영하 50도 정도의 얼음이 뒤덮인 벌판에서 생활하고 있습니다. 북극여우는 계절에 따라 몸의 색깔이 변하는데(보호색), 겨울에는 온몸이 흰색이 되므로 백여우라고도 합니다.

답 24

③ 눈이 많이 내리는 고지대에 서식한다

중앙 아시아에서 히말라야 동부까지의 표고 2,000미터 이상의 고지대에 살고 있습니다. 표범과 비슷하지만, 털이 길고 꼬리도 긴 것이 특징입니다.

이상한 동물들

문 25

족제비는 야행성이어서, 낮에는 굴 속에서 휴식을 취하는 동물이지만 헤엄도 잘 칩니다. 왜일까요?

① 물갈퀴가 있다
② 물고기처럼 부레가 있다
③ 꼬리가 스크류 구실을 한다

문 26

오소리는 족제비의 친척인데 굴파기 선수입니다. 그리고 때때로 항문에서 고약한 냄새가 나는 황색 액체를 내뿜는다고 합니다. 그 목적은?

① 친구를 부르기 위해
② 적을 격퇴하기 위해
③ 영역을 표시하기 위해

문 27

개미핥기는 길쭉한 막대 같은 얼굴 끝에 달린 입으로, 개미나 벌 따위를 잡아먹습니다. 이 개미핥기는 무엇을 무기로 하여 싸울까요?

① 이
② 발톱
③ 긴 꼬리

답 25

① 물갈퀴가 있다

족제비에게는 물갈퀴가 있어 헤엄을 잘 칩니다. 해가 지면 굴에서 나와 들쥐나 뱀, 물고기를 잡아먹습니다. 나무를 타고 올라가 잠자고 있는 새를 덮치는 경우도 있습니다.

답 26

③ 영역을 표시하기 위해

돌이나 나무 뿌리에 냄새를 묻혀 자기의 영역임을 표시합니다. 오소리의 굴은 큰 것으로는 사방 100미터 정도의 넓은것도 있습니다. 야행성으로서 두더지 · 뱀 · 들쥐 · 나무열매 · 과일 따위 아무것이나 잘 먹습니다.

답 27

② 발톱

앞발에 끝이 날카로운 발톱이 있어, 이 발톱이 무기 역할도 하고 먹이를 잡는 데도 도움이 됩니다. 개미핥기의 입에는 이가 없지만, 먹이는 긴 혀로 핥아 그대로 삼켜 버립니다.

캥거루와 나무늘보

문 28

낙타는 사막 등지에서 물이 없어도 사람보다 열 배는 오래 살 수 있습니다. 그 이유는 무엇일까요?

① 혹에 물을 저장해 둔다
② 체온을 높여서 땀을 덜 흘린다
③ 굴 속에서 생활한다

문 29

캥거루는 오스트레일리아 등지의 초원이나 숲에 서식하고 있지만, 별종도 있습니다. 어떤 생활을 하고 있을까요?

① 물 위를 헤엄치면서 생활한다
② 나무 위에 올라가서 생활한다
③ 굴 속에서 생활한다

문 30

나무늘보는 밤에만 활동할 뿐 낮에는 주로 잠을 잡니다. 하루 동안 대략 몇 시간 정도 잠을 잘까요?

① 8시간　② 12시간
③ 16시간

답 28

② 체온을 높여서 땀을 덜 흘린다

낙타는 체온을 섭씨 40도 정도까지 높여서, 더위로 땀이 증발하는 것을 예방합니다. 등에 있는 혹은 지방이 뭉친 것입니다.

답 29

② 나무 위에 올라가서 생활하고 있다

이름도 나무타기캥거루라고 합니다. 뉴기니아 등지의 숲속 나무 위에서 서식하며, 나무 열매나 잎을 먹고 삽니다.

답 30

③ 16시간

하루의 3분의 2 이상 잠을 잡니다. 나무늘보는 한 마리나 한 쌍(부부)으로 생활하며, 먹이는 나뭇잎이나 어린 가지, 나무 열매 등을 먹습니다. 체온은 기온에 따라 변하도록 되어 있습니다.

동물의 수수께끼

문 31

아파카는 남미 안데스 지방에서 가축으로 기르고 있는 동물입니다. 다음 중 어떤 목적으로 사육될까요?

① 젖을 얻기 위해
② 고기를 얻기 위해
③ 털을 얻기 위해

문 32

밍크는 모피를 얻기 위해 기르는 동물로 유명하지만, 한 벌의 밍크 코트를 만드는 데는 몇 마리 정도의 밍크가 필요할까요?

① 30마리
② 80마리
③ 100마리

문 33

레오폰은 수표범과 암사자 사이에서 태어난 동물입니다. 그렇다면, 레오폰이 세계 최초로 태어난 나라는?

① 미국
② 중국
③ 일본

답 31

③ 털을 얻기 위해

낙타과의 동물로서, 페루나 볼리비아의 4,000~5,000미터 고지대에 방목 사육되고 있습니다.

답 32

② 80마리

밍크에는 아메리카밍크와 유럽밍크의 2종류가 있는데, 아메리카밍크는 세계 각지에서 사육되고 있습니다.

답 33

③ 일본

1959년, 일본 효고 현 니시미야 시에 있는 고시엔 동물원에서 암수 2마리가 태어났습니다. 수레오폰은 목에 갈기가 있고, 몸에는 표범의 무늬가 있습니다.

어떤 무리일까요?

문 34

캥거루쥐는 다리가 캥거루와 같은 모양인 쥐입니다. 점프력이 대단하다는데, 도대체 얼마나 뛸까요?

① 50센티미터
② 1.5미터
③ 2.5미터

문 35

이솝 이야기에 박쥐 이야기가 나오는데, 박쥐는 어느 종류에 속해 있는 동물일까요?

① 부엉이과에 속하는 조류
② 쥐과에 속하는 포유류
③ 이것도 저것도 아닌 독립된 종류

문 36

박쥐는 캄캄한 덤불 속에서도 나무에 부딪치지 않고 날 수 있습니다. 다음 중 어떤 비밀이 있어서 그럴까요?

① 초음파를 내면서 난다
② 적외선으로 보며 난다
③ 투시를 하며 난다

답 34

③ 2.5미터

미국의 사막 지대 등지에 서식하는데, 야행성이고 바위 밑 따위의 지하에 깊은 굴을 파서 살고 있습니다. 먹이는 식물의 눈이나 줄기, 씨앗 따위를 먹습니다.

답 35

② 쥐과에 속하는 포유류

박쥐는 하늘을 나는 단 한 종류의 포유류입니다. 발가락과 발가락 사이의 피부가 발달해서 날개가 된 것입니다.

답 36

① 초음파를 내면서 난다

초음파를 발사하여 그 반향(음파가 어떤 물체에 부딪쳐 같은 소리로 다시 들려 오는 현상)을 귀로 듣고, 장애물이나 먹이의 위치를 탐지합니다. 그러므로 아무리 어두워도 나뭇가지에 부딪치는 일은 없습니다.

개의 수수께끼

문 37

개는 냄새를 판별하는 힘이 굉장합니다. 그러면 사람과 비교해서 대략 몇 배 정도 뛰어날까요?

① 1,000배
② 10,000배
③ 1,000,000배

문 38

사물의 소리를 판별하는 개의 능력은 인간과는 비교도 안 될 만큼 우수합니다. 인간의 몇 배정도일까요?

① 약 10배
② 약 30배
③ 약 60배

문 39

개가 여름에 더울 때 혀를 내밀고 힘들게 호흡하는 것을 볼 수 있습니다. 왜 그런 행동을 할까요?

① 개는 심장이 약하니까
② 개는 땀을 흘리지 않으니까
③ 개는 목이 잘 마르니까

답 37

③ 1,000,000배

실제로는 100만 배에서 10억 배나 우수하다고 합니다. 이러한 능력은 경찰견이나 마약 수사 따위에 활용됩니다.

답 38

③ 약 60배

코와 마찬가지로 개의 귀도 뛰어난 능력을 갖고 있습니다. 옛날부터 개를 부를 때 '개 피리'가 사용되어 왔습니다. 이것은 사람에게는 들리지 않지만, 개에게만 들리는 높은 음을 내는 피리입니다.

답 39

② 개는 땀을 흘리지 않으니까

개의 몸에서 땀을 흘리는 곳은 발바닥과 발가락 사이 정도입니다. 그러므로 여름철의 더운 날에는 혀를 내밀어 헉헉거리며 호흡하여, 입에서 수분을 증발시켜 체온을 내리게 합니다.

고양이의 수수께끼

문 40

고양이에게는 입 주위와 볼에 긴 수염이 나 있습니다. 이 수염은 어떤 역할을 할까요?

① 사물을 감지하는 역할
② 적을 위협하는 역할
③ 얼굴의 먼지를 터는 역할

문 41

개의 혓바닥은 매끈하지만, 고양이의 혓바닥은 가시가 돋힌 것처럼 까슬까슬합니다. 이런 혀는 무엇을 할 때 편리할까요?

① 젖을 빨 때
② 땀을 증발시킬 때
③ 뼈에 붙어 있는 고기를 벗겨 먹을 때

문 42

고양이과의 동물에는 발바닥에 혹처럼 생긴 살덩어리가 있습니다. 이것은 무엇에 필요한 것일까요?

① 필요 없는 것이다(없어지고 있다)
② 몰래 사냥감에 접근할 때
③ 미끄러지지 않게 한다

답 40

① 사물을 감지하는 역할

진짜 이름은 촉모라고 합니다. 굴이나 구멍 또는 좁은 곳을 지나갈 때 이 수염의 촉감으로, 자기 몸이 통과할 수 있느냐의 여부를 판단합니다.

답 41

③ 뼈에 붙어 있는 고기를 벗겨 먹을 때

고양이는 본래는 육식 동물이므로, 작은 동물의 고기를 먹을 때는 편리합니다. 또 털을 다듬을 때도 편리합니다.

답 42

② 몰래 사냥감에 접근할 때

이 살덩어리는 고무처럼 탄력이 있어, 몰래 사냥감에 접근할 때 발자국 소리를 내지 않는 역할을 합니다.

주변의 동물들

문 43

토끼는 자기가 배설한 것을 먹는 이상한 습성이 있습니다. 무슨 이유로 그럴까요?

① 이를 날카롭게 갈기 위해
② 식중독을 예방하기 위해
③ 영양 섭취를 위해

문 44

말의 수명은 약 25살이라고 합니다. 말의 나이를 알기 위해서는 신체의 어느 부위를 보면 안다고 합니다. 어디를 볼까요?

① 눈 ② 이 ③ 발

문 45

당나귀는 말의 친척으로, 옛날부터 가축으로 기르는 동물입니다. 이 당나귀는 또 하나의 이름이 있습니다. 그것은 무엇일까요?

① 토끼말
② 개말
③ 염소말

답 43

③ 영양 섭취를 위해

배설물 중에서도 엷은 막에 싸여 있는 것만 먹습니다. 그 배설물 속에는 토끼의 건강에 필요한 단백질이나 비타민이 함유되어 있기 때문입니다.

답 44

② 이

말의 이는 나이와 함께 규칙적으로 감소되므로, 수의사 등 전문 의사가 보면 말의 나이를 정확하게 알 수 있습니다.

답 45

① 토끼말

말과 비슷하지만 작고 귀가 길어서 이렇게 불립니다. 또 숫당나귀와 암말 사이에 태어난 동물을 노새라고 합니다.

새의 수수께끼

문 46

하늘을 나는 새는 매우 민첩하게 날고 있는 것처럼 보입니다. 그럼, 가장 빨리 나는 새는 무엇일까요?

① 제비
② 독수리
③ 타조

문 47

새 중에서 가장 작은 새는 '벌새'입니다. 그 크기는 얼마쯤일까요?

① 몸길이 약 3센티미터
② 몸길이 약 6센티미터
③ 몸길이 약 12센티미터

문 48

캄캄한 곳에서도 사물을 볼 수 있는 부엉이는 항상 눈을 두리번거립니다. 부엉이의 목은 얼마나 움직일까요?

① 두리번거릴 뿐, 사실은 90도 정도
② 180도 정도
③ 목을 한 바퀴 돌릴 수 있다

답 46

① 제비

제비 중에서도 가장 빠른 것은 수평으로 날 때 시속 130킬로미터 정도나 날 수 있습니다. 그리고 순간적으로 170킬로미터로 나는 기록도 관측되고 있습니다. 또 급강하할 때의 매의 속도는 350킬로미터나 되지만 수평으로 날 때는 100킬로미터 정도입니다. 타조는 날지 못하는 새이지만 달리기를 잘 해서, 시속 140킬로미터로 달리는 것도 있습니다.

답 47

② 몸길이 약 6센티미터

몸길이의 절반은 부리와 꽁지의 길이이며, 체중은 약 1.6그램밖에 되지 않습니다. 열대 지방에 서식하며 주로 꽃의 꿀 따위를 먹는데 곤충을 잡아먹기도 합니다. 꽃에서 꽃으로 날아다니며, 벌과 같은 날개 소리를 낸다고 해서 '벌새'라고 불립니다. 참새는 몸길이 15센티미터, 몸무게 25그램 정도입니다.

답 48

② 180도 정도

부엉이는 두 눈이 똑바로 있을 때는 사물을 정확하게 볼 수 없으므로, 항상 두리번거리고 있는 것입니다. 목의 뼈가 부드러워 최고 270도 정도 좌우로 목을 돌릴 수 있습니다.

뱀의 수수께끼

문 49

뱀은 대개 먹이를 한입에 삼켜 버립니다. 그런데 뱀은 자기의 머리보다 큰 먹이는 어떻게 할까요?

① 이빨로 잘게 물어뜯는다
② 억지로 입을 벌려 삼킨다
③ 포기한다

문 50

뱀은 항상 붉은 혀를 날름거리는데, 왜 그럴까요?

① 혀에서 땀을 분비시킨다
② 냄새를 맡고 있다
③ 소리를 감지하기 위해

문 51

가장 긴 뱀의 기록은 어느 정도일까요?

① 5미터
② 10미터
③ 20미터

답 49

② 억지로 입을 벌려 삼킨다

뱀의 턱뼈는 강한 근육과 인대로 이어져 있습니다. 그래서 턱이 빠질 정도로 입을 크게 벌릴 수 있습니다. 뼈 자체도 부드럽게 이루어져 있습니다. 또 좌우의 턱을 따로따로 움직일 수 있어서, 큰 먹이도 서서히 삼켜버릴 수 있는 것입니다.

답 50

② 냄새를 맡고 있다

뱀이나 도마뱀의 혀는 끝이 두 가닥으로 갈라져 있는데, 그것을 이용해서 냄새를 감지하는 것을 돕고 있습니다. 뱀이나 도마뱀은 모두 땅 위를 기어 다니므로, 먼 곳을 볼 수 없습니다. 그리고 뱀은 귀가 들리지 않습니다. 그 때문에 냄새에 의지해서 움직이므로, 계속해서 혀를 날름거리고 있는 것입니다.

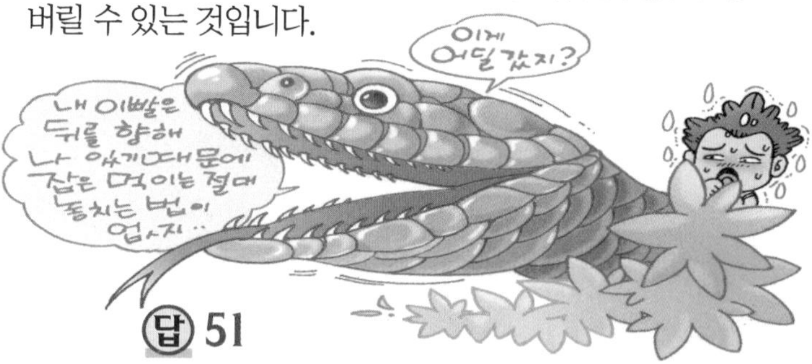

이게 어딜갔지?
내 이빨은 뒤를 향해 나 있기때문에 잡은 먹이는 절대 놓치는 법이 없지..

답 51

② 10미터

동남 아시아의 정글에 있는 가장 긴 '비단뱀' 의 길이가 10미터로 기록되어 있습니다. 물가에 서식하는데 사슴이나 멧돼지를 먹이로 하며, 큼직한 몸통으로 사냥감을 감아서 조여 죽입니다. 또 나무 위에서 아래에 있는 사냥감을 공격하는 경우도 있습니다.

물고기의 수수께끼

문 52

물고기는 물 속을 민첩하게 헤엄쳐 다녀서, 우리 손으로는 도저히 잡을 수 없습니다. 그런데 물에서 가장 빠른 것은 어느 것일까요?

① 세계에서 제일 빠른 잠수함
② 세계에서 제일 빠른 배
③ 파초청새치 (청새치의 일종)

문 53

날치라는 물고기가 있는데, 정말 날 수 있을까요?

① 이름뿐으로, 날 수 있는 물고기는 없다
② 튀어올라, 새처럼 퍼덕이며 난다
③ 글라이더처럼 수면을 난다

문 54

'전기뱀장어'라는 뱀장어가 있습니다. 왜 그런 이름이 붙여졌을까요?

① 깜짝 놀라면 몸이 빛나니까
② 몸에서 전기를 일으켜 적을 쓰러뜨리므로
③ 전구와 비슷한 모양을 하고 있어서

답 52

③ 파초청새치

파초청새치는 가장 빠르게 헤엄치는 물고기입니다. 그 속도는 시속 100킬로미터를 넘으며, 주둥이가 가늘고 큰 등지느러미를 가지고 있습니다. 세계에서 가장 빠른 잠수함은 시속 78킬로미터, 세계에서 가장 빠른 배는 시속 84킬로미터입니다. 세계에서 가장 빠른 수영 선수는 100미터를 50초 정도에 헤엄치는데, 시속 7.1킬로미터입니다.

답 53

③ 글라이더처럼 수면을 난다

날치는 큼직한 가슴지느러미와 배지느러미를 이용해서, 수면을 글라이더처럼 날 수 있습니다. 바람을 잘 타면 300~400미터는 갈 수 있으며, 높이도 10미터 이상 높이 날 수 있습니다.

답 54

② 몸에서 전기를 일으켜 적을 쓰러뜨리므로

아마존 강에 사는 전기뱀장어는, 몸에 발전기가 있어 건드리면 650~850볼트의 전기를 발생시켜, 말 따위도 감전되어 죽고 맙니다. 적으로부터 몸을 방어하기 위해 전기를 일으키는 것이고, 먹이를 잡기 위한 것은 아닙니다. 이것은 뱀장어에 속하지 않고 잉어의 친척입니다.

변신하는 물고기

문 55

금붕어는 어떤 종류의 물고기를 개량해서 만든 물고기입니다. 금붕어의 조상은 어느 것일까요?

① 송사리
② 붕어
③ 은어

문 56

성장하면 이름이 바뀌는 물고기를 '출세어'라고 합니다. 농어가 되는 것은 어느 것일까요?

① 껄떼기
② 마래미
③ 피라미

문 57

물고기의 종류에는 수컷에서 암컷으로 변하는 것도 있습니다. 어느 것일까요?

① 먹도미
② 주걱붕어
③ 날치

답 55

② 붕어

붕어는 변화하기 쉬운 성질이 있어, 색이 붉은 물고기가 만들어지기도 합니다. 붕어의 자손 중에 꼬리가 벌어진 것이 금붕어입니다. 금붕어는 1,600여 년 전에 중국에서 나타났고, 그것이 우리 나라로 수입된 것입니다.

답 56

① 껄떼기

출세어는 물고기의 몸 크기를 기준삼아, 같은 물고기도 다른 이름이 붙은 물고기를 가리킵니다. 농어의 경우, 25센티미터 정도의 것을 그냥 송어새끼, 40센티미터 정도의 것을 껄떼기, 60센티미터 이상의 것을 농어라고 합니다. 출세어의 이름은 지방에 따라 다르기 때문에 일정한 기준을 정하기 어렵습니다.

답 57

① 먹도미

먹도미(감성돔)는 태어날 때는 모두 수컷입니다. 그것이 성장해서 20~25센티미터 정도가 되면 암컷이 되는 것과, 그대로 수컷으로 있는 것으로 나누어집니다. 또 수컷만 무리지어 살고 있다가 그 중에서 암컷으로 변해 버리는 물고기도 있습니다. 신기하지요?

이런 물고기도 있어?

문 58

다음 중에서 실제로 있는 물고기는 어느 것일까요?

① 줄타기물고기
② 나무타기물고기
③ 물구나무서기물고기

문 59

별난 물고기에 대한 문제 하나 더. 다음 중 실제로 있는 물고기는 어느 것일까요?

① 물총물고기
② 어뢰물고기
③ 권총물고기

탕!
나는 무법자!

문 60

다음 중에서 실제로 있는 물고기는 어느 것일까요?

① 금화잉어
② 빨판상어
③ 지폐붕어

남들이 악덕사채업자라고 욕을 해도 난 지폐가 좋아..
금고
여기에 현찰이?...

답 58

② 나무타기물고기

동남 아시아의 강이나 늪에 서식하는 물고기입니다. 몸길이 25센티미터 정도인데, 가슴 지느러미가 발달해서 그것을 이용하여 육지로 기어오를 수 있습니다. 또 아가미를 사용하지 않는 공기 호흡도 할 수 있습니다. 그러나 이름은 나무타기물고기이지만, 나무에 올라가는 일은 거의 없습니다.

답 59

① 물총물고기

이 물고기도 동남 아시아의 강이나 늪에서 삽니다. 입으로 물을 빨아들여 아가미를 닫은 후, 힘차게 물을 내뿜어 물가의 곤충을 쏘아 먹이로 삼습니다. 사정 거리는 약 3미터 정도입니다.

답 60

② 빨판상어

이 빨판상어는 아주 뻔뻔스러운 놈입니다. 머리 위에 타원형의 빨판이 있는데, 그것으로 다랑어 · 고등어 · 돌고래 따위에 붙어다닙니다. 그리고 먹이도 그 물고기들이 먹다 남긴 것을 먹고, 자신은 거의 아무 일도 하지 않습니다.

물속의 익살꾼

문 61

가자미와 넙치는 흡사한 물고기인데, 어떻게 식별할까요?

① 눈이 왼쪽에 있는 것이 가자미, 오른쪽에 있는 것이 넙치
② 눈이 왼쪽에 있는 것이 넙치, 오른쪽에 있는 것이 가자미
③ 입의 크기로 식별한다

문 62

물고기 중에서 헤엄치면서 잠자는 물고기가 있을까요?

① 헤엄치면서 잠자는 물고기도 있다
② 그런 물고기는 없다
③ 물고기는 잠을 자지 않는다

문 63

물고기는 물 속을 헤엄쳐 다니지만, 헤엄치지 못하는 물고기도 있을까요?

① 없다. 그런 것은 물고기가 아니다
② 있다
③ 아주 옛날에는 헤엄치지 못하는 물고기도 있었지만 지금은 없다

답 61

③ 입의 크기로 식별한다

보통은 '눈이 왼쪽에 있는 것이 넙치, 오른쪽에 있는 것이 가자미' 라고 하지만, 완전히 정확하다고는 할 수 없습니다. 가자미 중에는 눈이 왼쪽에 있는 것도 있습니다. 넙치는 작은 물고기나 새우 따위를 먹이로 하기 때문에 가자미에 비해 입이 크고 이가 예리합니다.

답 62

① 헤엄치면서 잠자는 물고기도 있다

가다랭이나 고등어, 다랑어는 잠자면서 헤엄을 칩니다. 이들은 헤엄치지 않으면 호흡을 할 수 없게 됩니다. 그리고 물고기는 눈꺼풀이 없기 때문에 하루 종일 깨어 있는 것 같지만, 사실은 잠을 자고 있는 것입니다.

답 63

② 있다

아프리카 등의 열대 지방에 서식하는 폐어라는 물고기는 물 속에서 호흡을 할 수 없습니다. 진흙 구덩이나 수초 사이에서 서식하는 폐어는, 부레가 없고 대신에 폐를 갖고 있습니다. 수면에 얼굴을 내밀고 공기 호흡을 합니다.

곤충의 수수께끼

문 64

누구나 한 번쯤은 나비를 잡으려고 해 본 적이 있겠지요? 그런데 가장 큰 나비는 어느 정도의 크기일까요?

① 날개 폭이 10센티미터
② 날개 폭이 20센티미터
③ 날개 폭이 30센티미터

문 65

여러분이 한 번쯤은 길러 보았을 풍뎅이와 사슴벌레. 이 중에서 동면(겨울잠)을 하는 것은 어느 것일까요?

① 풍뎅이만 동면한다
② 모두 동면한다
③ 모두 동면하지 않는다

문 66

개미는 근면하고 베짱이는 게으름뱅이로 알려져 있는데, 베짱이는 정말 게으름뱅이일까요? 다음 중 옳은 설명은 어느 것일까요?

① 동면을 하므로 먹이는 저장하지 않는다
② 겨울에도 쉬지 않고 일한다
③ 겨울까지 살지 못한다

답 64

③ 날개 폭이 30센티미터

뉴기니아에만 서식하는 호랑나비의 일종에는, 날개를 펴면 30센티미터나 되는 나비도 있습니다. 대개의 나비는 날개를 펴면 매우 아름다운 무늬가 있는데, 이 무늬는 암수가 서로의 눈길을 끌려는 역할과, 적을 놀라게 하려는 역할을 합니다.

답 65

③ 모두 동면하지 않는다

풍뎅이나 사슴벌레는 이른 봄에 부화하여, 여름 동안의 1~2개월밖에 살지 못합니다. 여름이 끝날 무렵, 알을 낳고 그대로 죽어 버립니다.

답 66

③ 겨울까지 살지 못한다

베짱이는 5월경에 부화하여 여름이 끝날 무렵에 알을 낳고, 10월경에는 수명이 다합니다. 베짱이는 수컷만 우는데, 그것은 자기 영역을 나타내는 것과 암컷을 끌어들이는 두 가지 역할을 합니다.

벌레의 불가사의

문 67

파리, 모기, 바퀴벌레 이 세 곤충은 모두가 사람에게 해를 끼치는 해충입니다. 이 중에서 가장 오래 전부터 있었던 곤충은 어느 것일까요?

① 파리
② 모기
③ 바퀴벌레

문 68

모기는 사람의 피를 빠는 해충입니다. 모기에 대한 옳은 설명은 어느 것일까요?

① 피를 빠는 것은 암컷만
② 피를 빠는 것은 수컷만
③ 암수 모두 피를 빤다

문 69

덤불 속으로 들어가면, 얼굴이나 손발에 거미줄이 걸려 몹시 불쾌합니다. 그런데 거미줄은 어느 정도의 크기까지 만들 수 있을까요?

① 둘레가 2미터 정도
② 둘레가 6미터 정도
③ 둘레가 18미터 정도

답 67

③ 바퀴벌레

바퀴벌레는 3억 년이나 먼 옛날부터 지구에서 살았다고 합니다. 3억 년 전에는 아직 꽃과 풀이 없었고 단지 이끼나 양치류, 그리고 해파리의 일종이나 조개류밖에 없었던 시대입니다. 생명력이 매우 강해서 먹이는 아무것이나 먹습니다. 인간이 멸망한 뒤에도 바퀴벌레만은 살아남을 것이라고 합니다.

답 68

① 피를 빠는 것은 암컷만

피를 빠는 것은 암컷뿐입니다. 수컷은 꽃과 풀의 즙을 빨아먹고 삽니다. 특히 알을 낳기 직전의 암컷은 체중의 5배나 되는 피를 빨아들여 영양을 저장합니다. 모기는 동물의 몸에서 나오는 이산화탄소에 끌려 피를 빨러 모여듭니다.

답 69

② 둘레가 6미터 정도

무당거미가 치는 거미줄이 가장 크다고 합니다. 그런데 '거미집' · '거미줄' 이란 표현은 약간 애매합니다. 이것은 거미가 살아 있는 곤충을 잡아먹는 무기입니다. 거미줄은 보통 1~2시간이면 칠 수 있고, 2~3일 간격으로 다시 칩니다.

식물의 수수께끼

문 70

식물에는 큰 것에서 작은 것까지 여러 가지 종류가 있는데, 세계에서 가장 큰 꽃은 그 크기가 얼마나 될까요?

① 지름 약 40센티미터
② 지름 약 90센티미터
③ 지름 약 2미터

문 71

미끄러운 유리 막대에 감긴 나팔꽃의 5센티미터 옆에 대나무 막대기를 세웠습니다. 나팔꽃은 어떻게 될까요?

① 그대로 유리 막대에 감겨 올라간다
② 옆에 세운 대나무 막대기로 옮겨가서 자란다
③ 이것도 저것도 아니다. 모두 틀린다

문 72

사막에서 자라는 사보텐(선인장)은 어떻게 수분을 모아 둘까요?

① 가시 속에 물을 저장한다
② 긴 뿌리로 지하수를 빨아들인다
③ 물이 없어도 죽지 않는다

답 70

② 지름 약 90센티미터

동남 아시아의 정글에서 피는 라플레시아라는 꽃은 꽃잎의 지름이 90센티미터, 두께 2센티미터, 무게는 7킬로그램이나 됩니다.

답 71

② 옆에 세운 대나무 막대기로 옮겨가서 자란다

나팔꽃 덩굴에는 많은 털이 나 있습니다. 그리고 표면이 거칠수록 잘 감겨 붙는 특징을 갖고 있습니다. 실험 결과, 유리 막대에 감겼던 덩굴은 7센티미터 이내에 대나무 막대기가 있으면 그 쪽으로 옮겨 가는 성질이 있다는 것을 알았습니다.

답 72

② 긴 뿌리로 지하수를 빨아들인다

사보텐은 물론, 어떤 생물도 수분이 없으면 살 수 없습니다. 사막에서 자라는 사보텐 중에는 30미터 이상의 길고 곧은 뿌리를 갖고 있는 것도 있어, 지하수를 빨아올립니다. 그리고 사보텐의 잎이 딱딱한 것은 수분의 증발을 막기 위해서입니다.

식물의 불가사의

문 73

동물은 수컷과 암컷으로 나누어져 있습니다. 식물도 암수로 나누어져 있을까요?

① 식물에는 암수가 없다
② 모든 식물은 한 그루에 암수 양쪽을 모두 갖고 있다
③ 암수 양쪽을 갖고 있는 것도 있고, 갈라져 있는 것도 있다

문 74

다음 중 실제로 있는 식물의 이름은 어느 것일까요?

① 개미귀신
② 파리지옥
③ 유부나물

우리 파리들은
저걸 파리지옥
이라고 부르지.

문 75

다음 나무 중, 실제로 있는 것은 어느 것일까요?

① 캐러멜의 원료를 채취하는 나무 … 캐멜
② 껌의 원료를 채취하는 나무 … 사포딜라
③ 아이스크림의 원료를 채취하는 나무 … 홉슨즈

카라멜
껌…
아이스
크림

답 73

③ 암수 양쪽을 갖고 있는 것도 있고, 갈라져 있는 것도 있다

벼처럼 한 개의 꽃 속에 수꽃의 수술과 암꽃의 수술을 갖고 있는 것도 있고, 은행나무처럼 암수의 나무로 갈라져 있는 것도 있습니다.

답 74

② 파리지옥

북아메리카에서 자라는 식물의 일종으로 주로 파리를 잡아먹고 사는 식물입니다. 80도 정도의 각도로 붙은 2개의 잎 사이에 가는 털이 많이 돋아나 있습니다. 파리 따위가 그것을 건드리면 순간적으로 잎을 오므려, 곤충을 잡아 양분을 빨아먹고 살아갑니다.

답 75

② 껌의 원료를 채취하는 나무…사포딜라

사포딜라는 주로 열대 지방에서 자라는 나무입니다. 이 나무에서는 치클이라는 껌의 원료가 채취됩니다. 콜럼버스가 아메리카 대륙을 발견했을 때, 원주민의 아이들이 치클을 씹으면서 놀고 있는 것을 보고 껌이 발명되었다고 합니다.

쉬어 가는 곳(미로 퍼즐)

Apple

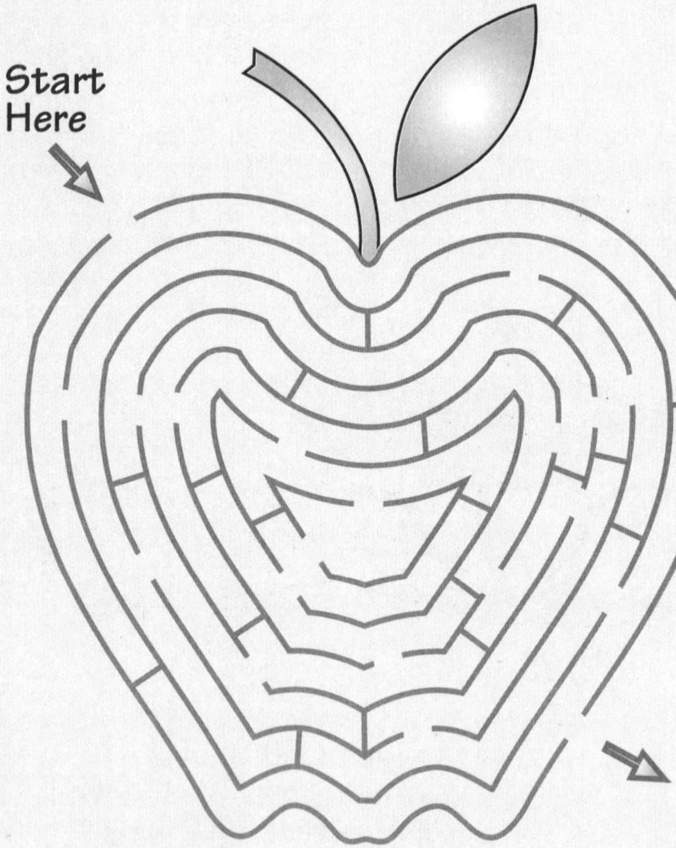

사람의 몸

입부터 출발

문 1

음식물의 맛을 느끼는 것은 혀입니다. 그리고 혀의 부분에 따라 느끼는 맛이 다릅니다. 그러면 단맛은 혀의 어느 부분에서 느낄까요?

① 혀끝
② 혀의 안쪽
③ 혀의 양쪽 옆부분

문 2

딸꾹질은 몸 안의 어느 부분이 경련을 일으켜 생기는 것입니다. 그 경련하는 부분은 어디일까요?

① 위
② 횡격막
③ 폐

답 1

① 혀끝

혀끝에서는 단맛을 느끼고, 신맛은 혀 양쪽 가장자리에서 느낍니다.

답 2

② 횡격막

딸꾹질은 횡격막이 경련을 일으켰을 때 납니다. 횡격막은 폐와 위의 경계에 있는 막입니다.

이의 불가사의

문 3

사람의 이에는 2종류가 있습니다. 이를 갈기 전의 이를 유치(젖니), 간 이를 영구치라고 합니다. 유치는 모두 20개인데, 영구치는 몇 개일까요?

① 24개
② 28개
③ 32개

문 4

여자에 비해 남자가 큰 이를 갖고 있습니다. 왜 남자의 이가 클까요?

① 남자가 많이 먹으니까
② 옛날에 남자는 이를 닦지 않았기 때문에
③ 옛날에 남자는 이를 무기로 사용했기 때문에

답 3

③ 32개

젖니는 6살 무렵부터 잇달아 새로 돋아나고 빠집니다. 한 번 간 이는 다시 나지 않습니다. 영구치 중에서 가장 안쪽에 나는 4개의 이는 '사랑니'라고 하며, 18~25살 때에 납니다.

답 4

③ 옛날에 남자는 이를 무기로 사용했기 때문에

인간이 아직 원시인이었을 때, 남자는 이를 일종의 무기로 사용했습니다. 그래서 이를 무기로 사용해 오는 동안 여자보다도 남자 쪽이 강하고 커졌습니다.

심호흡을 하자

문 5

초등 학생이나 중학생은 1분 동안에 대개 몇 번 정도 숨을 쉴까요? '숨을 쉰다'는 것은 들이마시고 내쉬는 것을 1번으로 합니다.

① 12~14번
② 18~20번
③ 24~26번

문 6

내쉬는 숨에 가장 많이 함유된 공기의 성분은 무엇일까요?

① 이산화탄소
② 질소
③ 산소

답 5

② 18~20번

5살에서 16살 정도의 청소년은 1분 동안에 평균 18~20번 숨을 쉽니다. 그러나 운동을 한 후나 병에 걸렸을 때, 그리고 기온이 높을 때는 횟수가 많아집니다.

답 6

② 질소

내쉬는 숨에 가장 많이 함유되어 있는 성분은 질소입니다. 성분의 내용은 질소가 79퍼센트, 산소가 14퍼센트, 이산화탄소가 7퍼센트 정도입니다.

눈꺼풀과 입술

문 7

눈꺼풀에 대한 문제입니다. 부모가 모두 쌍꺼풀이 없는 경우, 쌍꺼풀이 있는 아기가 태어날 확률은 몇 퍼센트 정도 될까요?

① 0퍼센트
② 25퍼센트
③ 50퍼센트

문 8

입술은 왜 붉은색일까요?

① 피부가 붉은색이니까
② 피가 비쳐 보이기 때문에
③ 체온이 높으니까

답 7

① 0퍼센트

부모가 모두 쌍꺼풀이 없는 경우, 갓 태어난 아기는 반드시 쌍꺼풀이 없습니다. 그러나 나이를 먹어 감에 따라, 쌍꺼풀이 생기는 경우는 많습니다.

답 8

② 피가 비쳐 보이기 때문에

입술에는 매우 많은 피가 흐르고 있습니다. 게다가 입술 피부는 얇기 때문에 많은 피가 비쳐 보이는 것입니다.

머리카락의 불가사의

문 9

머리카락은 한 번 빠져도 다시 돋아납니다. 하지만 새로 돋아나는 데는 약간 시간이 걸립니다. 며칠 만에 다시 돋아날까요?

① 3일
② 30일
③ 90일

문 10

비듬은 무엇이 원인으로 생길까요?

① 공기 안의 먼지가 머리에 쌓여, 굳어져 생긴다
② 머리의 피부가 헐어서 생긴다
③ 끊어진 머리카락이 희게 되어 생긴다

답 9

③ 90일

머리카락의 수명은 대개 3~5년 정도입니다. 수명이 다 된 머리카락은 빠지고, 잠시 휴식합니다. 이렇게 쉬고 있는 시간이 대개 3개월, 3개월이 지나면 머리카락이 다시 돋아납니다.

답 10

② 머리의 피부가 헐어서 생긴다

몸을 씻으면 때가 나옵니다. 때는 불필요해진 피부의 일부입니다. 비듬은 머리에 생기는 때이므로, 머리의 피부가 헐어서 생긴 것입니다.

눈썹과 수염

문 11

눈썹은 양쪽 합쳐서 몇 개 정도의 털이 나 있을까요?

① 1,300개
② 13,000개
③ 130,000개

문 12

어른이 된 남자에게는 수염이 있습니다. 그런데 여자는 왜 어른이 되어도 수염이 나지 않을까요?

① 남자처럼 수염이 있지만 화장을 해서 보이지 않는다
② 아주 잔털이 나 있다
③ 애당초 없다

답 11

① 1,300개

사람에 따라 차이는 있지만, 양쪽 눈썹의 수를 합치면 대개 1,300개 정도입니다.

답 12

② 아주 잔털이 나 있다

여자의 턱이나 코 밑에는 연한 수염이 나 있습니다. 하지만 수염이라 하더라도 솜털과 같은 것이므로, 거의 눈에 띄지 않습니다.

갓난아기에 관한 수수께끼

문 13

사람이 태어났을 때, 맨 처음 볼 수 있는 색은 무슨 색일까요?

① 노란색
② 붉은색
③ 파란색

문 14

갓난아기가 태어났을 때, 우는 소리의 높이는 갓난아기에 따라서 같을까요, 다를까요?

① 한 사람 한 사람 다르다
② 남자 아기와 여자 아기는 다르다
③ 어느 아기나 같다

답 13

② 붉은색

갓난아기는, 붉은색부터 보이기 시작합니다. 그래서 갓난아기용 장난감에는 붉은색이 많이 사용되고 있습니다.

답 14

③ 어느 아기나 같다

세계의 어느 갓난아기도 우는 소리는 같습니다. 태어났을 때는 모두 '라' 음으로 운다고 합니다.

혈액의 수수께끼

문 15

사람의 몸을 순환하는 혈액, 이 혈액은 주로 몸의 어디에서 만들어질까요?

① 뼛속
② 심장
③ 뇌

문 16

인간은 혈액을 얼마쯤 흘리면 죽게 될까요?

① 약 2분의 1
② 약 3분의 1
③ 약 4분의 1

답 15

① 뼛속

혈액은 주로 '골수'에서 만들어집니다. 골수란 것은, 뼈의 중심 부분에 있는 부드러운 층을 말합니다.

답 16

② 약 3분의 1

온몸의 혈액 중에서 약 3분의 1 이상이 없어지면 생명이 위험합니다.

뼈속이라고?
어디보자
뚝뚝이
그러면 시험삼아
네피 한번
빼보자

모세 혈관의 수수께끼

문 17

피가 흐르는 속도는 동맥과 정맥 중 어느 것이 빠를까요?

① 동맥이 빠르다
② 정맥이 빠르다
③ 같은 속도이다

문 18

혈관 속에는 모세 혈관이라는 아주 가는 혈관이 있습니다. 이 모세 혈관의 지름은 얼마쯤 될까요? 1미크론은 1,000분의 1밀리미터입니다.

① 5~20미크론
② 100~200미크론
③ 500미크론~1밀리미터

답 17

① 동맥이 빠르다

동맥이란 심장에서 나온 혈액을 각 부분으로 보내는 혈관이고, 정맥은 심장으로 되돌아가는 혈액을 운반하는 혈관입니다. 혈액이 흐르는 속도는 심장에서 내보내는 동맥이 빠릅니다.

답 18

① 5~20미크론

인간의 모세 혈관의 굵기는 대개 5~20미크론 정도입니다. 모세 혈관은 온몸에 통해 있습니다.

심장과 폐의 수수께끼

문 19

사람이 70살까지 살았다고 하면, 그 동안 심장은 몇 번 움직였을까요?

① 2억 5천만 번
② 25억 번
③ 250억 번

문 20

폐는 심장 오른쪽과 왼쪽에 하나씩 있습니다. 이 폐의 크기는 양쪽 가운데 어느 쪽이 클까요?

① 오른쪽 폐가 크다
② 왼쪽 폐가 크다
③ 양쪽이 똑같다

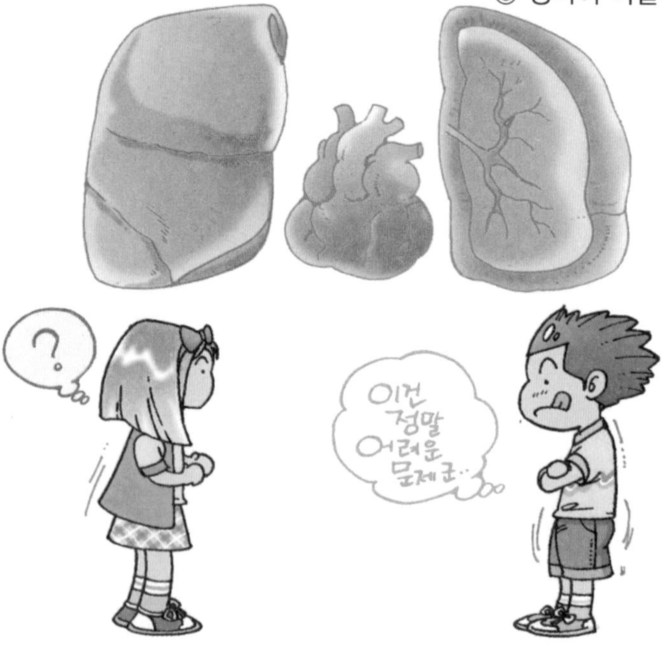

답 19

① 2억 5천만 번

심장은 '심근'이라는 특수한 근육으로 만들어져 있어, 사람이 살아 있는 동안 쉬지 않고 계속 움직입니다. 그리고 70년을 살았다고 하면, 약 25억 번 움직인 것이 됩니다.

답 20

① 오른쪽 폐가 크다

사람의 심장은 왼쪽으로 쏠려 있어서, 그만큼 왼쪽 폐가 작게 되어 있습니다.

정말?
너 땜에 내 심장은 이미 25억번을 더 움직였어…
그리 좋나?… 요즘은 애들인지… 어른인지…

장의 불가사의

문 21

장의 길이가 가장 긴 것은 무슨 동물일까요?

① 사람
② 개
③ 소

문 22

인체 중에서 아무 역할도 하지 않는 것이 맹장입니다. 그런데 이 맹장의 길이는 어른의 경우 얼마나 될까요?

① 1~3센티미터 정도
② 6~9센티미터 정도
③ 12~15센티미터 정도

끙
끙
화장실에 앉아있는 시간은 인간이 제일 길거야.
변비쟁이야! 빨리 나와! 나도 급하단 말야!

답 21

③ 소

소의 내장 길이는 몸길이의 거의 22배로, 57미터나 됩니다. 개의 경우는 몸길이 5배인 5미터, 인간은 몸길이의 5배인 약 7미터입니다. 장의 길이란 것은 대장과 소장을 합친 것을 말하며, 인간의 경우는 대장의 길이는 약 1미터, 소장의 길이는 약 6미터입니다.

답 22

② 6~9센티미터 정도

사람에 따라 차이는 있지만 맹장의 길이는 대개 6~9센티미터 정도입니다.

뼈의 비밀

문 23

살아 있는 인간의 뼈는 어떤 색깔일까요?

① 순백색
② 어두운 회색
③ 연한 핑크색

문 24

인체의 뼈 전부를 모으면, 체중의 몇 분의 몇 정도의 무게가 될까요?

① 6분의 1
② 13분의 1
③ 20분의 1

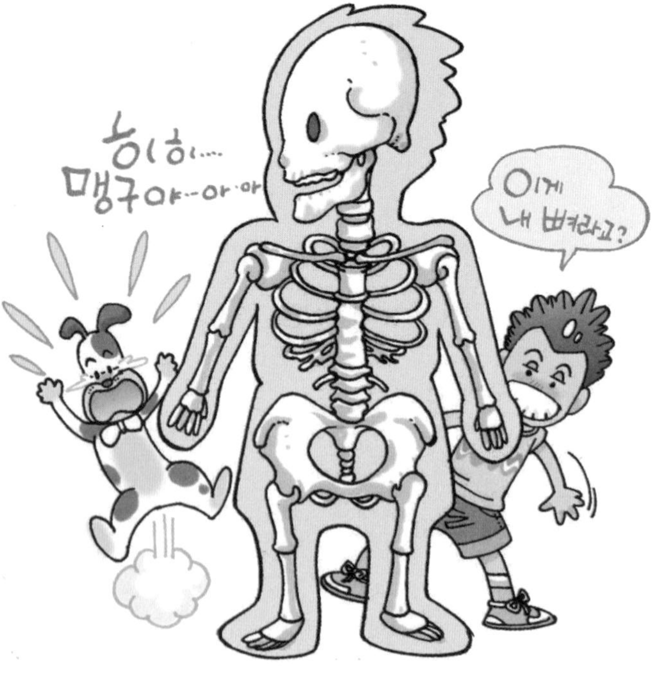

답 23

③ 연한 핑크색

살아 있는 사람의 뼈에는 피가 통하고 있습니다. 그 피빛이 비쳐 보이므로 핑크색으로 보입니다.

답 24

① 6분의 1

뼈의 무게는 대체로 몸무게의 6분의 1정도입니다. 그러므로 몸무게가 65킬로그램 나가는 어른의 뼈 전부를 모으면 무게는 10킬로그램 정도. 몸무게가 26킬로그램 나가는 어린이라면, 4킬로그램이 뼈의 무게입니다.

손가락의 불가사의

문 25

오른손잡이인 사람의 손가락 길이는, 오른손과 왼손 중 어느 쪽이 길까요?

① 오른쪽 손가락이 길다
② 왼쪽 손가락이 길다
③ 변하지 않는다

문 26

사람의 손가락 끝에 있는 지문은 사람마다 다릅니다. 그러면, 쌍둥이 형제의 지문은 어떻게 되어 있을까요?

① 두 사람 모두 같은 지문
② 두 사람 모두 다른 지문
③ 같은 지문이 될 확률이 50퍼센트

답 25

② 왼쪽 손가락이 길다

이유는 분명하지 않지만, 주로 잘 쓰는 쪽의 팔과는 반대쪽 손의 손가락이 조금 길다고 합니다. 사람에 따라서는 5밀리미터나 더 길다고 합니다.

답 26

② 두 사람 모두 다른 지문

쌍둥이의 지문은 비슷하기는 하지만, 결코 똑같은 지문은 아닙니다.

손톱, 발톱, 그리고 털

문 27

사람의 손톱(발톱)은 무엇이 변해서 된 것일까요?

① 뼈
② 살
③ 피부

문 28

사람의 몸에 난 털은 모두 몇 개쯤 될까요?

① 30만 개 정도
② 80만 개 정도
③ 130만 개 정도

답 27

③ 피부

사람의 손톱(발톱)은 피부가 딱딱해져서 된 것입니다.

답 28

③ 130만 개 정도

사람의 몸에 나 있는 털의 수를 모두 합하면, 약 130만 개가 됩니다. 그 중 머리털은 10만 개 정도입니다.

땀의 불가사의

문 29

인간의 피부에는 땀구멍이 많이 있습니다. 이 땀구멍은 온몸에 몇 개쯤 될까요?

① 200만~500만 개
② 2억~5억 개
③ 200억~500억 개

문 30

땀에도 여러 가지 땀이 있습니다. 보통때 나는 땀과 깜짝 놀라서 나오는 '식은땀'은 어떻게 다를까요?

① 식은땀에 염분이 많다
② 보통때 나오는 땀에 염분이 많다
③ 다르지 않다

헥
헥
휴가중
나는
땀구멍이 없어서
맹구는
출연안함!

답 29

① 200만~500만 개

인간의 온몸에는 약 200만~500만 개의 땀구멍이 있습니다. 그러나 개나 고양이에는 땀구멍이 거의 없습니다.

답 30

① 식은땀에 염분이 많다

깜짝 놀랐을 때 나오는 식은땀은 보통 때 흘리는 땀보다 염분이 많이 함유되어 있어 더 끈적끈적합니다.

방귀와 대변

문 31

남의 앞에서 자주 실례하면 얼굴을 찌푸리게 되는 것이 방귀. 그런데 나오는 것을 참은 방귀는 그 후에 어떻게 될까요?

① 입에서 트림으로 나온다
② 10여 분 후에 다시 나오려 한다
③ 몸 속에 흡수되어 버린다

문 32

대변은 무엇으로 되어 있을까요?

① 음식물을 소화한 찌꺼기와 세균덩어리
② 음식물을 소화한 찌꺼기뿐
③ 세균덩어리뿐

답 31

③ 몸 속에 흡수되어 버린다

참은 방귀는 장까지 되돌아가서, 혈액에 녹아 들어가 온몸을 돌아다닙니다.

답 32

① 음식물을 소화한 찌꺼기와 세균덩어리

대변 안에는 여러 가지 것이 함유되어 있습니다. 그 대표적인 것이 소화된 음식물 찌꺼기와 체내에 생식하고 있던 세균덩어리입니다. 그 밖에 위나 장에서 나온 액체나 위나 장의 껍질이 벗겨진 것이 섞여 있습니다.

어느 쪽이 맞을까요?

문 33

어른과 갓난아기 중에서 뼈의 수는 어느쪽이 많을까요?

① 어른 쪽이 많다
② 갓난아기 쪽이 많다
③ 똑같다

문 34

남자와 여자는 평균적으로 어느 쪽이 오래 살까요?

① 남자
② 여자
③ 같다

답 33

② 갓난아기 쪽이 많다

성인의 뼈의 수는 약 206개 정도. 갓난아기의 뼈는 306개이므로, 갓난아기 쪽이 어른보다 100개 정도 많습니다. 이것은 몸이 자라남에 따라 몇 개의 뼈가 합쳐지기 때문입니다.

답 34

② 여자

한국인의 수명은 평균적으로 여자가 남자보다 7살 정도 오래 산다고 합니다. 여자 쪽이 오래 사는 것은 비단 우리 나라뿐만 아니라, 세계 대부분의 나라에서도 마찬가지인 것 같습니다.

인체의 수수께끼

문 35

오랜 시간 동안 꿇어앉아 있으면 발이 저립니다. 왜 저릴까요?

① 뼈가 구부러지니까
② 혈액 순환이 잘 되지 않아서
③ 털구멍이 막혀서, 발이 피부 호흡을 할 수 없으니까

문 36

사람의 손발에 생기는 무좀은 무엇인가가 달라붙어 생기는 병입니다. 그것이 무엇일까요?

① 곰팡이
② 바이러스
③ 무좀이라는 곤충

이제 2시간 남았어!
얘한테 아이스크림 세번 사줬다고 세 시간을 무릎 꿇고 반성하라니… 독하다! 독해!
에구.. 고생을 사서 하는군..

답 35

② 혈액 순환이 잘 되지 않아서

오랜 시간 꿇어앉아 있으면 몸의 무게로 발의 혈관이 눌려져서, 혈액 순환이 잘 되지 않아 마비 증상이 생기는 것입니다.

답 36

① 곰팡이

무좀은, 백선균이라는 곰팡이의 일종이 몸에 달라붙어 생기는 병입니다.

쉬어 가는 곳(미로 퍼즐)

Help the bird into the house.

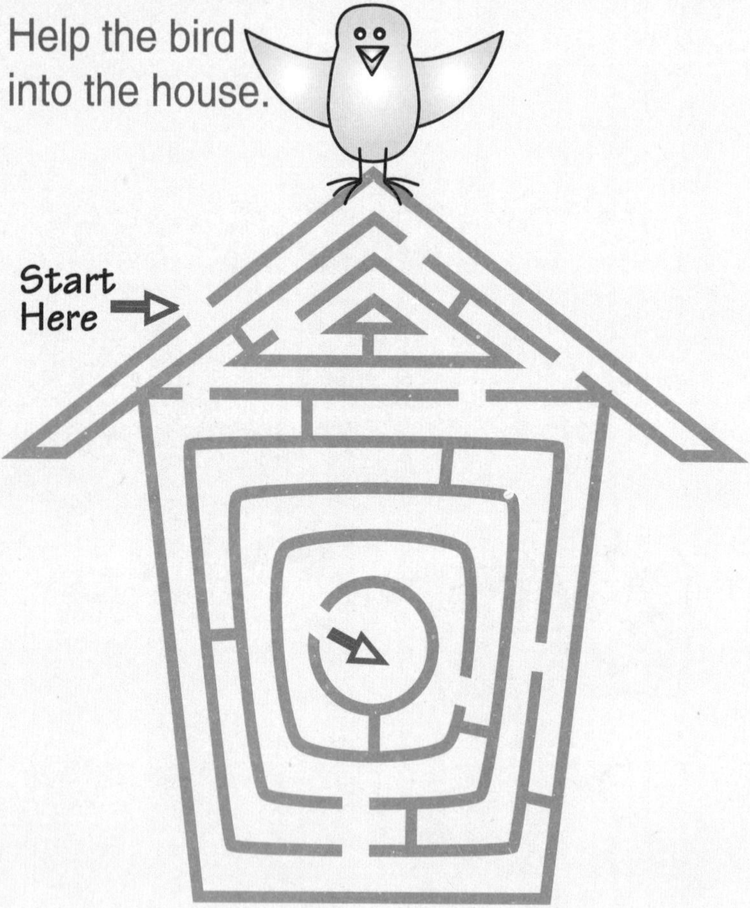

우주 과학

볼 수 없는 별자리

문 1

별자리는 모두 88개가 있는데, 우리 나라에서 볼 수 없는 별자리는 어느 것일까요?

① 카멜레온 자리
② 천칭 자리
③ 전갈 자리

문 2

별자리에도 여러 가지가 있는데, 겨울의 별자리로 유명한 것은 어느 별자리일까요?

① 처녀 자리
② 안드로메다 자리
③ 오리온 자리

문 3

7월 7일의 칠석날로 유명한 직녀성은 거문고 자리에 있는데, 견우성은 어느 별자리에 있을까요?

① 백조 자리
② 두루미 자리
③ 독수리 자리

답 1

① 카멜레온 자리

카멜레온 자리는 우리 나라에서는 볼 수 없습니다.

답 2

③ 오리온 자리

처녀 자리는 봄철의 밤 하늘을 장식하는 별자리이고, 안드로메다 자리는 가을철의 별자리로 유명합니다.

난 안드로메다를 구출한 페르세우스 같은 용사가 될거야
잊어줘

답 3

③ 독수리 자리

직녀성은 거문고 자리의 베가라는 별이고, 견우성은 독수리 자리의 알타이르라는 별입니다.

붙박이별

문 4

항성(붙박이별)은 그 표면의 온도에 따라 색깔이 다릅니다. 그렇다면 온도가 가장 높은 것은 무슨 색깔일까요?

① 붉은색
② 흰색
③ 푸른색

문 5

현재까지 알고 있는 별 중에서 가장 큰 붙박이별은 태양의 몇 배가 되는 크기일까요?

① 55배쯤
② 550배 이상
③ 태양보다 큰 별은 없다

문 6

항성의 수명에 대한 설명에서 올바른 것은?

① 무거운 항성일수록 수명이 길다
② 무거운 항성일수록 수명이 짧다
③ 무게와 수명은 관계가 없다

답 4

③ 푸른색

온도가 가장 높은 별은 푸른색으로 보입니다. 그 다음은 흰 색, 노란색, 오렌지색의 차례로 온도가 낮아집니다. 그리고 가장 온도가 낮은 것은 붉은색 별입니다.

답 5

② 550배 이상

항성 중에는 놀랄 만큼 큰 별이 많이 있습니다. 그 중에서도 페테르기우스라는 항성은 태양의 550배 이상이나 큰 것으로 추측되고 있습니다.

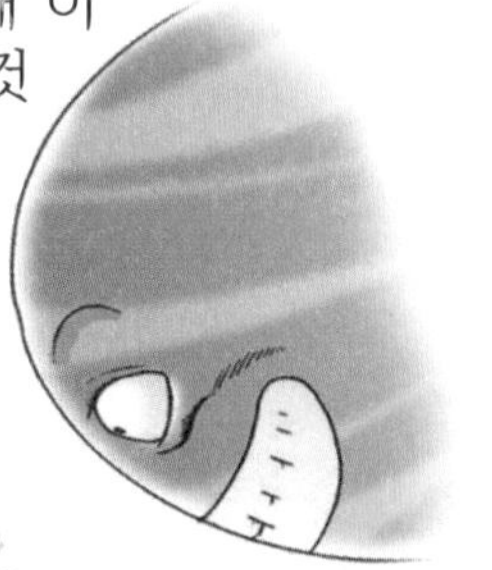

답 6

② 무거운 항성일수록 수명이 짧다

크기가 태양 정도의 항성은 100억 년 정도의 수명입니다. 그러나 태양의 4~8배 무게의 붙박이별의 수명은 1억 년 정도이고, 태양의 10배 이상의 무게를 가진 붙박이별은 1,000만 년 정도의 수명밖에 안 됩니다.

태양의 나이

문 7

태양의 나이는 얼마쯤 될까요?

① 약 5,000만 년
② 약 5억 년
③ 약 50억 년

문 8

태양과 지구 사이는 얼마나 떨어져 있을까요?

① 약 1억 킬러미터
② 약 1억 5,000만 킬로미터
③ 약 2억 킬로미터

문 9

태양은 지구보다 훨씬 큰 천체인데, 태양의 지름은 지구 지름의 몇 배 정도나 될까요?

① 약 9배
② 약 59배
③ 약 109배

답 7

③ 약 50억 년

태양이 탄생한 것은 무려 약 50억 년이나 옛날의 일입니다. 태양의 수명은 약 100억 년으로 추산되므로, 이제 태양의 수명 중 절반을 산 셈입니다.

답 8

② 약 1억 5,000만 킬로미터

광속(초속 30만 킬로미터)으로도 8분 20초가 걸립니다. 시속 300킬로미터의 초고속 전철로 달린다 해도 57년이나 걸립니다. 달과 지구 사이의 거리가 약 38만 킬로미터이므로, 태양이 얼마나 멀리 떨어져 있는가를 알 수 있습니다.

답 9

③ 약 109배

태양의 지름은 139만 2천 킬로미터이고, 지구의 지름은 1만 2천 킬로미터입니다. 또 태양의 체적은 무려 지구의 130만 4천 배나 됩니다.

태양의 흑점

문 10

태양은 무엇이 타서 빛을 내고 있을까요?

① 수소 가스
② 우라늄
③ 석탄과 석유

문 11

태양이 방출하고 있는 에너지는 굉장한 양인데, 그 중에서 지구가 태양으로부터 얻고 있는 에너지는 전체의 몇분의 1쯤 될까요?

① 2만 2천분의 1
② 220만분의 1
③ 22억분의 1

문 12

태양을 자세히 관측하면 흑점이라는 것이 있는데, 이 흑점이란 도대체 무엇일까요?

① 맹렬한 가스의 소용돌이
② 조그마한 블랙홀
③ 산소가 함유되어 있는 부분

답 10

① 수소 가스

태양은 수소 가스의 덩어리입니다. 수소가 헬륨으로 바뀔 때는, 맹렬한 빛과 열을 냅니다. 수소 폭탄이 연속적으로 폭발하는 것과 같은 이치입니다.

답 11

③ 22억분의 1

태양은 대량의 에너지를 우주 공간에 방출하고 있습니다. 그러나 지구가 받아들이고 있는 태양 에너지는 아주 작은 것으로서, 전체 에너지의 22억분의 1밖에 안 됩니다.

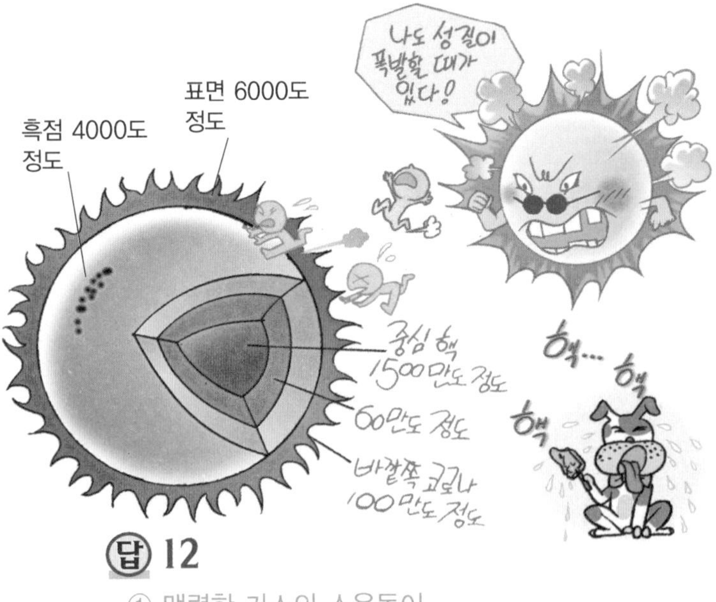

답 12

① 맹렬한 가스의 소용돌이

태양의 표면 온도는 약 6,000도쯤 됩니다. 그런데 흑점의 온도는 4,000도 정도이므로, 주변의 온도보다 2,000도나 낮기 때문에 검게 보이는 것입니다.

크레이터

문 13

지구의 지름은 1만 2,756 킬로미터인데, 달의 지름은 얼마쯤 될까요?

① 800킬로미터
② 3,476킬로미터
③ 6,792킬로미터

문 14

달에도 바다나 육지로 불리는 곳이 있습니다. 그렇다면 달의 바다에는 무엇이 있을까요?

① 물이 많이 있다
② 모래와 바위뿐이다
③ 암모니아로 된 얼음이 있다

문 15

달에는 크레이터라는 둥근 구멍이 많이 있는데, 이것은 어떻게 생긴 것일까요?

① 운석이 떨어져서 생겼다
② 화산이 분화해서 생겼다
③ 호수가 건조해서 생겼다

답 13

② 3,476킬로미터

800킬로미터는 명왕성의 위성인 카론의 지름이고, 6,792킬로미터는 화성의 지름입니다.

답 14

② 모래와 바위뿐이다

달은 모래와 바다뿐인 죽음의 세계입니다. 다만 육지 부분에 산맥 따위가 있어 울퉁불퉁하지만, 바다 부분은 비교적 평평합니다. 달 표면에 검게 보이는 것이 바다입니다.

답 15

① 운석이 떨어져서 생겼다

미국의 아폴로 우주선이 달을 탐사하여, 운석이 떨어져서 생긴 구멍이라는 것을 확인했습니다. 지름이 200킬로미터 이상인 큰 크레이터도 있습니다.

달에 가면?

문 16

달에 서서 우주를 쳐다보면 어떻게 보일까요?

① 푸른 하늘이 보인다
② 노란 하늘이 보인다
③ 캄캄한 우주가 보인다

문 17

달에서 지구를 보았을 때 지구의 크기는, 지구에서 달을 보았을 때 달 크기의 몇 배 정도 크기로 보일까요?

① 약 2배
② 약 4배
③ 약 6배

문 18

몸무게가 36킬로그램인 시람이 달에 가면 몇 킬로그램이 될까요?

① 6킬로그램이 된다
② 36킬로그램으로 변함이 없다
③ 72킬로그램이 된다

답 16

③ 캄캄한 우주가 보인다

달에는 공기(대기)가 없으므로하늘은 캄캄합니다. 지구의 하늘이 파란 것은 공기가 있기 때문입니다. 공기 속의 미세한 물질에 태양 광선이 부딪혀 반사해서 색깔이 나타나는 것인데, 태양 광선 중에서도 특히 파란색이 산란하기 쉬워서, 하늘이 파랗게 보이는 것입니다.

답 17

② 약 4배

지구의 지름은 달의 지름의 약 4배입니다. 따라서 달에서 지구를 보았을 때가, 지구에서 달을 보았을 때보다 약 4배의 크기로 보입니다.

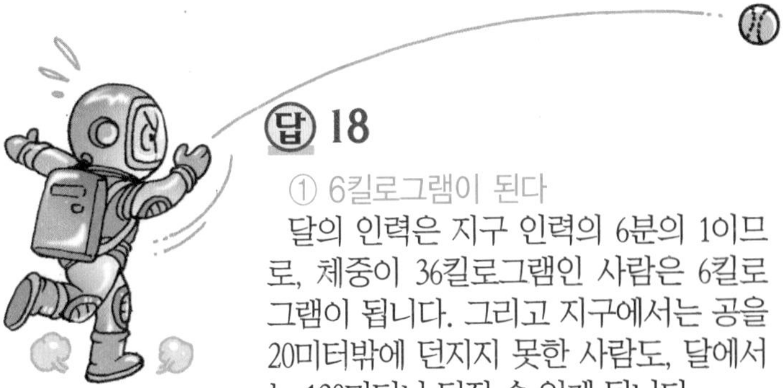

답 18

① 6킬로그램이 된다

달의 인력은 지구 인력의 6분의 1이므로, 체중이 36킬로그램인 사람은 6킬로그램이 됩니다. 그리고 지구에서는 공을 20미터밖에 던지지 못한 사람도, 달에서는 120미터나 던질 수 있게 됩니다.

일식과 월식

문 19

태양과 지구와 달의 배열에 의해서, 일식과 월식이 일어납니다. 그러면 태양과 지구 사이에 달이 들어가서 생기는 현상은 무엇일까요?

① 일식
② 월식
③ 양쪽 모두 일어난다

문 20

일식에는 3종류의 일식이 있습니다. 그러면 태양의 중앙 부분만 가려지고 태양의 가장자리는 둥글게 보이는 일식을 무엇이라고 할까요?

① 개기 일식
② 부분 일식
③ 금환 일식

문 21

일식과 마찬가지로, 월식에도 개기 월식과 부분 월식이 있을까요?

① 개기 월식, 부분 월식 모두 있다
② 개기 월식만 있다
③ 부분 월식만 있다

답 19

① 일식

태양과 지구 사이에 달이 들어가서 태양을 가리는 것이 일식입니다. 반대로 태양과 달 사에 지구가 들어가서, 달이 지구의 그늘에 가려 보이지 않게 되는 것이 월식입니다.

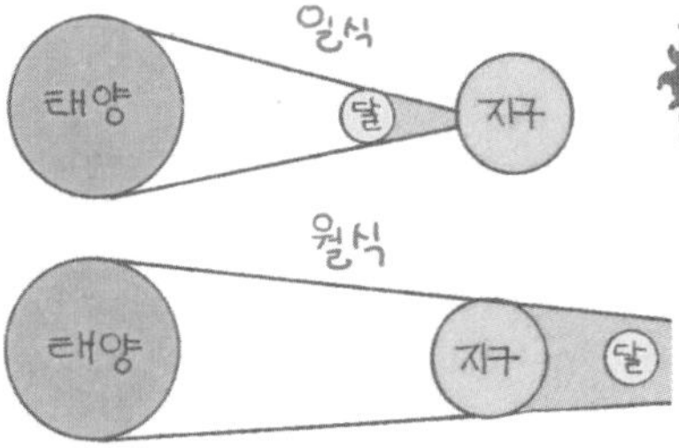

답 20

③ 금환 일식

개기 일식이란 태양 전체가 완전히 가려져 버리는 일식을 가리킵니다. 또 부분 월식이란 태양의 일부분이 가려지는 일식입니다.

답 21

① 개기 월식, 부분 월식 모두 있다

월식에도 개기 월식과 부분 월식이 있습니다. 그러나 달은 작아서 지구의 그림자 속으로 완전히 들어가 버리므로, 금환 월식은 없습니다.

태양계의 친구들

문 22

태양계에는 몇 개의 혹성이 있을까요?

① 6개 ② 9개
③ 12개

문 23

혹성의 종류에는 그 혹성이 무엇으로 생성되었는가에 따라 2종류로 나누어집니다. 하나는 목성형인데, 또 하나는 무슨 형일까요?

① 지구형
② 화성형
③ 토성형

문 24

토성에는 예쁜 고리가 있는데, 고리를 갖고 있는 혹성은 그 밖에도 있습니다. 그것은 어느 별일까요?

① 목성과 천왕성
② 금성과 화성
③ 명왕성

답 22

② 9개

태양에 가까운 순서로 수성 · 금성 · 지구 · 화성 · 목성 · 토성 · 천왕성 · 해왕성 · 명왕성 등 9개의 혹성이 있습니다.

답 23

① 지구형

목성처럼 수소와 헬륨이 주성분으로 되어 있는 혹성을 가스 혹성이라 하고, 토성 · 천왕성 · 해왕성도 그 종류입니다. 한편 지구처럼 주로 암석 따위로 되어 있는 혹성을 지구형 혹성이라고 하는데 수성 · 금성 · 화성이 이에 속합니다.

답 24

① 목성과 천왕성

목성과 천왕성에도 고리가 있습니다. 그리고 해왕성에도 있지 않을까 추측하고 있습니다.

가장 큰 혹성

문 25

혹성 중에서 가장 많은 별을 거느리고 있는 별은 어느 것일까요?

① 목성　② 토성
③ 천왕성

문 26

가장 큰 혹성은 어느 별일까요?

① 목성　② 토성
③ 천왕성

문 27

태양계에는 소혹성이라고 부르는 조그마한 별의 집단이 있습니다. 이것은 어느 혹성과 혹성 사이에 있을까요?

① 수성과 금성
② 화성과 목성
③ 천왕성과 해왕성

답 25

② 토성

토성은 17개의 위성을 거느리고 있습니다. 목성은 16개이고 천왕성은 6개입니다. 그런가 하면 수성과 금성은 위성이 없습니다.

답 26

① 목성

목성의 적도 지름은 14만 2천 796킬로미터나 됩니다. 토성은 12만 660킬로미터, 천왕성은 5만 800킬로미터인데, 지구는 1만 2천 756킬로미터밖에 안 됩니다.

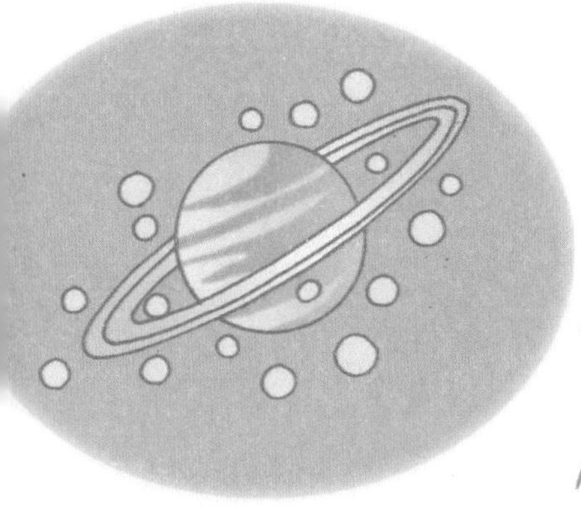

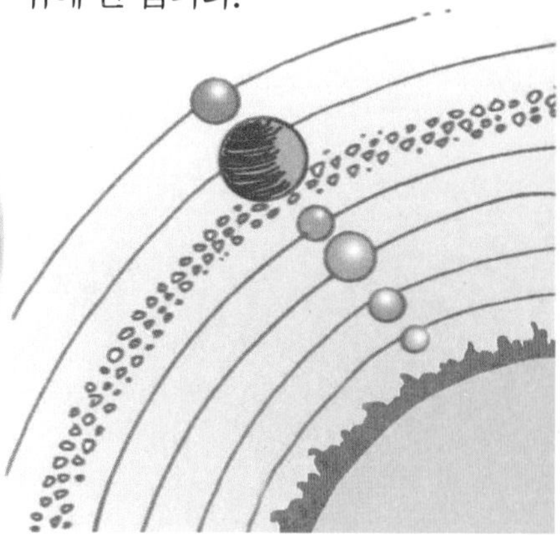

답 27

② 화성과 목성

화성과 목성 사이에 1,600개 정도의 소혹성이 있습니다. 가장 큰 것이라고 해도, 지름이 1,000킬로미터 정도밖에 안 됩니다.

물에 뜨는 별

문 28

태양(항성)처럼 될 뻔한 혹성은 다음 중 어느 것일까요?

① 수성
② 목성
③ 천왕성

문 29

다음 혹성 중 물보다 가볍고, 물에 넣으면 뜨는 별은 어느 것일까요?

① 명왕성
② 해왕성
③ 토성

문 30

태양계 중에서, 지구 이외에도 활동 중인 화산이 있는 것은 다음 중 어느 것일까요?

① 수성
② 화성의 위성 포보스
③ 목성의 위성 이오

답 28

② 목성

목성은 태양과 마찬가지로, 주로 수소와 헬륨으로 되어 있습니다. 목성이 좀더 컸더라면, 내부가 가열되어 태양처럼 빛과 열을 내기 시작했을 것입니다.

답 29

③ 토성

물의 무게를 1이라 하면 토성의 무게는 0.68밖에 안 됩니다. 따라서 토성보다도 큰 수영장이 있어, 거기에 넣으면 물 위에 뜰 것입니다.

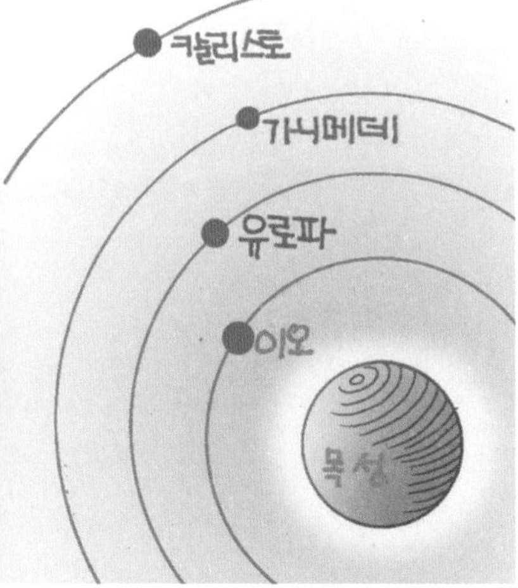

답 30

③ 목성의 위성 이오

이오에는 활동 중인 이오와 유로파 · 가니메데 · 칼리스토의 목성의 4개 위성은 갈릴레이가 발견했기 때문에, 갈릴레이 위성이라고 합니다.

태양계의 무서운 혹성

문 31

1년 내내 황산 비가 내리는 무서운 혹성은 다음 중 어느 것일까요?

① 수성
② 금성
③ 목성

문 32

태양과 가장 가까운 수성의 낮 온도는 420도 이상 되지만, 밤에는 몇 도쯤으로 변할까요?

① 430도로 변하지 않는다
② 100도 정도
③ 영하 170도 정도

문 33

지구는 1년에 한 번꼴로 태양의 둘레를 돌고 있습니다(이것을 공전이라고 합니다). 그러면 태양에서 가장 멀리 떨어져 있는 명왕성은 몇 년 걸려 태양을 한 바퀴 돌까요?

① 12년 정도
② 84년 정도
③ 250년 정도

답 31

② 금성

금성은 지구 바로 안쪽에 있고 크기도 비슷한 혹성이지만, 표면의 상황은 아주 다릅니다. 1년 내내 황산 비가 내리는 두꺼운 구름으로 덮여 있고, 온도도 400도 이상인 지옥 세계입니다.

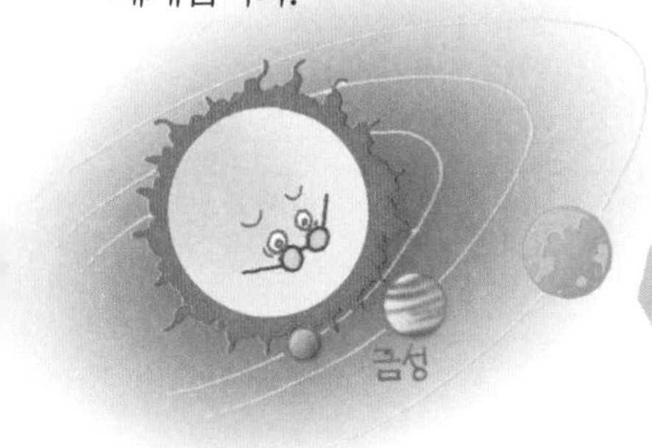

사람도 명왕성에 살면 하루살이 만도 못하겠구나

답 32

③ 영하 170도 정도

밤이 되면 영하 170도까지 내려가므로, 낮과 밤의 온도 차가 600도나 됩니다.

답 33

③ 250년 정도

명왕성은 246년에서 250년 정도 걸려서 지구를 한 바퀴 돕니다. 천왕성은 약 84년에 한 번, 목성은 약 12년에 한 번꼴로 태양을 돌고 있습니다.

참고로 명왕성의 위성은 카론.

혜성의 꼬리

문 34

긴 꼬리를 끌며 나타나는 별을 혜성이라고 하는데, 이 혜성은 어떠한 물질로 되어 있을까요?

① 철과 납
② 딱딱한 암석
③ 얼음덩어리

문 35

혜성에는 주기적으로 지구 가까이 오는 것이 있는데, 76년에 한 번꼴로 가까이 오는 유명한 혜성은 무엇일까요?

① 핼리 혜성
② 캘리 혜성
③ 샐리 혜성

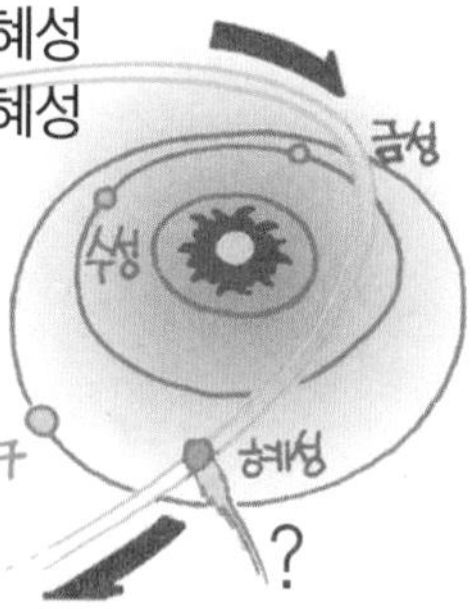

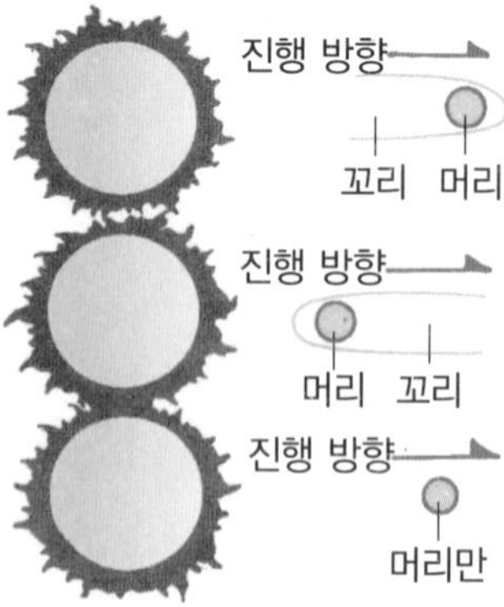

문 36

혜성이 태양에 접근할 때 꼬리는 머리(핵)의 뒤쪽으로 뻗어 있지만, 태양에서 멀어질 때는 어떻게 될까요?

① 머리가 앞이고, 꼬리가 뒤쪽이 된다
② 반대로, 꼬리가 앞으로 오고 머리가 뒤로 이어진다
③ 꼬리는 없어져 버린다

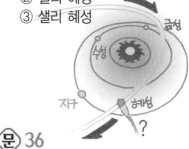

답 34

③ 얼음덩어리

물이나 암모니아가 언 얼음덩어리라고 합니다. 혜성이 태양에 가까이 가면 열을 받아 얼음이 녹아서 가스가 됩니다. 이 가스가 태양풍에 날려 긴 꼬리가 되는 것입니다.

답 35

① 핼리 혜성

핼리 혜성은 76년 만에 한 번은 지구 가까이 오지만, 개중에는 단 한 번밖에 지구에 오지 않는 혜성도 있습니다.

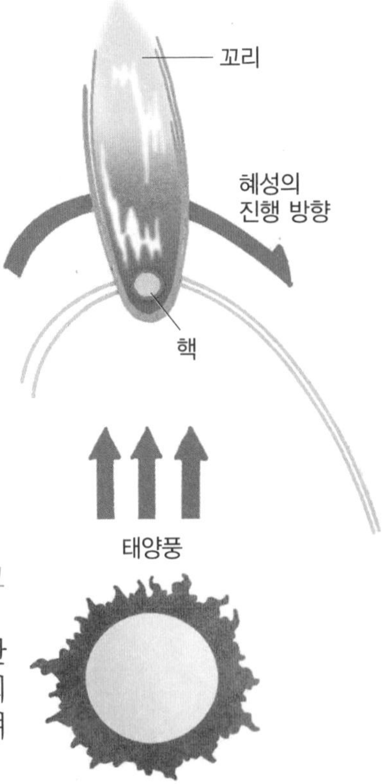

답 36

② 반대로, 꼬리가 앞으로 오고 머리가 뒤로 이어진다

혜성의 꼬리는 언제나 태양과 반대쪽에 있습니다. 이것은 혜성의 꼬리인 가스 따위가 태양풍에 날려서 생기는 것이기 때문입니다.

별똥별과 운석

문 37

밤 하늘을 빛내며 흐르는 별똥별(유성)은 무엇으로 되어 있을까요?

① 조그마한 암석이나 먼지
② 하늘에서 반짝이는 별
③ 인공 위성의 파편

문 38

별똥별이 전부 연소되지 않고 지상으로 떨어지는 것이 운석입니다. 지금까지 발견된 운석 중에서 가장 큰 것은 어느 정도일까요?

① 60톤 이상
② 1톤
③ 135킬로그램

문 39

운석이 떨어져서 생긴 구멍을 운석 구멍이라고 하는데, 세계에서 가장 큰 운석 구멍은 어느 정도일까요?

① 지름 12미터
② 지름 120미터
③ 지름 1,200미터

답 37

① 조그마한 암석이나 먼지

태양 둘레를 돌고 있는 조그마한 암석이나 먼지 따위가, 지구의 대기권으로 날아 들어와 불타 없어지는 것이 별똥별입니다. 대개 지상 100킬로미터 부근에서 타기 시작하여, 80킬로미터 부근에서 모두 타 버립니다.

답 38

① 60톤 이상

님아메리카에서 발견된 것으로, 60톤에서 70톤이나 되는 것도 있습니다.

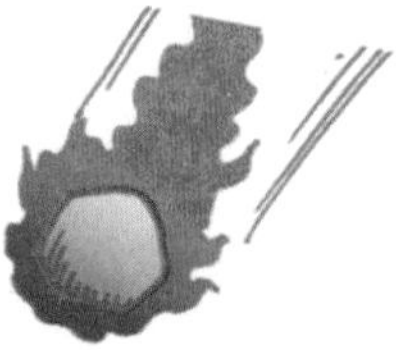

답 39

③ 지름 1,200미터

미국 애리조나 사막에 있는 운석 구멍은 지름이 1,200미터 이상이나 됩니다.

우주섬의 이름은?

문 40

그다지 머지않은 미래에, 우주에 많은 사람들이 살 수 있는 우주섬을 만들 계획을 세우고 있습니다. 이 우주섬의 이름은 무엇일까요?

① 스페이스 콜로니(우주식민지)
② 우주 스테이션(우주 정류장)
③ 스페이스 아일랜드

문 41

가장 큰 우주섬에는 사람이 얼마나 살 수 있을까요?

① 1만 명
② 10만 명
③ 100만 명

답 40

① 스페이스 콜로니

연구 중에 있는 스페이스 콜로니에는 토러스 형, 베르나르 구형, 실린더 형의 3종류가 있습니다.

답 41

③ 100만 명

실린더 형 스페이스 콜로니에는 100만 명이 거주할 수 있습니다. 이 실린더 형 스페이스 콜로니는 길이가 30킬로미터, 지름이 6킬로미터의 거대한 것입니다. 토러스 형과 베르나르 구형의 스페이스 콜로니는 1만 명 정도가 살 수 있는 크기입니다.

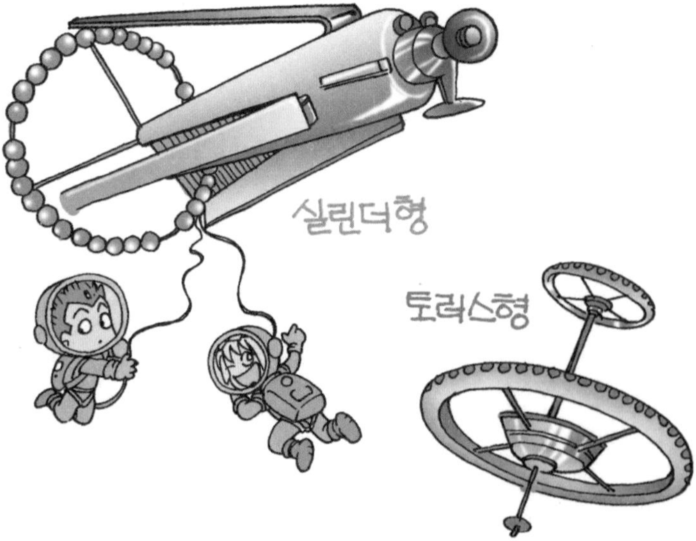

우주에서의 실험

문 42

거미는 우주선 속에서 거미줄을 칠 수 있을까요?

① 거미줄을 칠 수 있다
② 거미줄을 칠 수 없다
③ 작은 거미만 거미줄을 칠 수 있다

문 43

지구에서 내리는 눈의 결정은 6각형지만, 우주선 안에서 만든 눈의 결정은 어떤 형일까요?

① 12각형의 결정
② 둥근 결정
③ 모양이 가지각색인 결정

문 44

우주선 안에서 양초에 불을 붙이면, 다음 중 어떤 것처럼 탈까요?

답 42

① 거미줄을 칠 수 있다

처음에는 약간 흐트러진 모양이었지만, 나중에는 반듯한 거미줄은 칠 수 있게 되었습니다.

답 43

② 둥근 결정

우주에서는 중력이 없기 때문에(이것을 무중력이라고 합니다) 둥근 결정이 되었습니다.

답 44

②가 정답

양초의 불꽃이나 성냥의 불꽃이 모두 둥글게 되어 버립니다. 그리고 연소된 가스가 둥글게 불꽃을 에워싸기 때문에, 산소가 공급되지 않아 잠시 후에는 꺼져 버립니다.

우주 개발 계획

문 45

최초로 우주를 비행한 동물은 다음 중 어느 것일까요?

① 인간
② 침팬지
③ 개

문 46

미국의 우주 개발을 추진하고 있는 것은 미항공 우주국인데, 그 이름은 무엇일까요?

① NASA(나사)
② ESA(이사)
③ KSC

문 47

1961년 미국의 케네디 대통령은 달에 인류를 올려 보내는 우주 계획을 발표했습니다. 이 계획을 무엇이라고 했을까요?

① 문 계획
② 아폴로 계획
③ 월면 계획

답 45

③ 개

1957년 11월 3일, 소련의 스푸트니크 2호에 라이카 견이라는 종류의 개가 탑승하여, 우주를 비행했습니다. 1961년 1월 31일에는 미국의 머큐리 우주선에 침팬지를 태우고 비행했습니다. 최초의 유인 비행은 1961년 4월 12일, 소련의 보스톡 1호에 가가린 비행사가 탑승하여 비행했습니다.

답 46

① NASA(나사)

1958년 10월 1일에 설립되었고, 본부는 워싱턴에 있습니다. ESA란 유럽 우주 기관을 가리키고, KSC는 케네디 우주 센터의 약자입니다.

답 47

② 아폴로 계획

1969년 7월 20일 아폴로 12호가 달에 착륙하여, 암스트롱 선장이 인류 최초로 달에 섰습니다.

최초의 우주 연락선

문 48

'지구인으로부터 지구의 문명에 보내는 편지'를 가지고 지구를 떠난 혹성 탐사기는 어느 것일까요?

① 루나 6호
② 보스톡 6호
③ 파이어니어 10 · 11호

문 49

1981년 4월 12일에 발사된 최초의 우주 연락선은 어느 것일까요?

① 챌린저
② 디스커버리
③ 콜럼비아

문 50

목성과 토성에 접근해서, 많은 사진을 지구로 보내 온 혹성 탐사기는 다음 중 어느 것일까요?

① 보이저 1 · 2호
② 마리너 10호
③ 바이킹 1 · 2호

답 48

③ 파이어니어 10 · 11호

파이어니어 10호 · 11호는 모두 목성 탐사를 목적으로 1972년 3월 3일에 10호가, 1973년 4월 6일에 11호가 발사되었습니다. 루나 3호는 1953년에 발사된 소련의 달 탐사기로서, 달의 뒷면 사진을 촬영했습니다. 보스토크 6호는 1963년 6월 16일에 발사된 소련의 우주선으로, 세계 최초의 여자 우주 비행사 텔레시코바를 우주로 날려 보냈습니다.

답 49

③ 콜럼비아

콜럼비아 · 디스커버리 · 챌린저 등은, 정식으로는 오비터라고 불리는 우주 비행사 거주선을 말합니다. 이 오비터와 2개의 고체 로켓 부스터, 그리고 외부 연료 탱크를 합친 것을 우주 연락선(스페이스 셔틀)이라고 합니다.

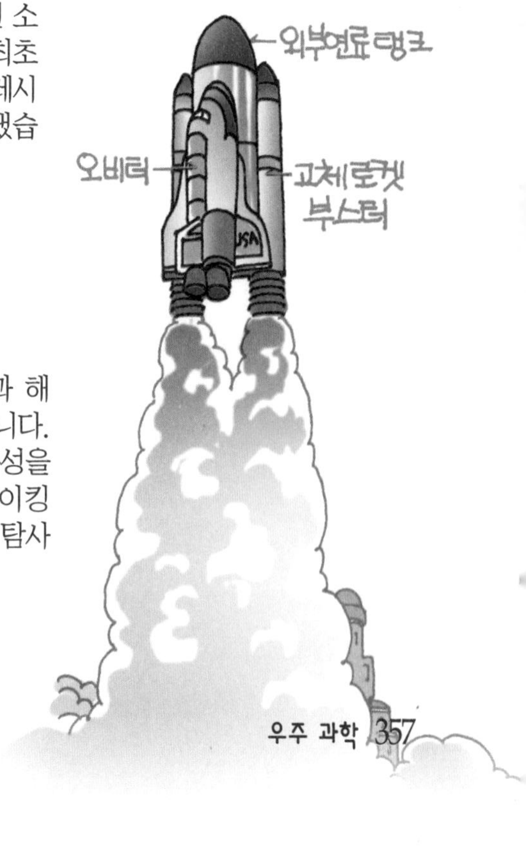

답 50

① 보이저 1 · 2호

보이저 2호는 천왕성과 해왕성에도 접근할 계획입니다. 매리너 10호는 금성과 수성을 탐사한 탐사기이고, 바이킹 1 · 2호는 화성에 착륙한 탐사기입니다.

쉬어 가는 곳(미로 퍼즐)

Boot

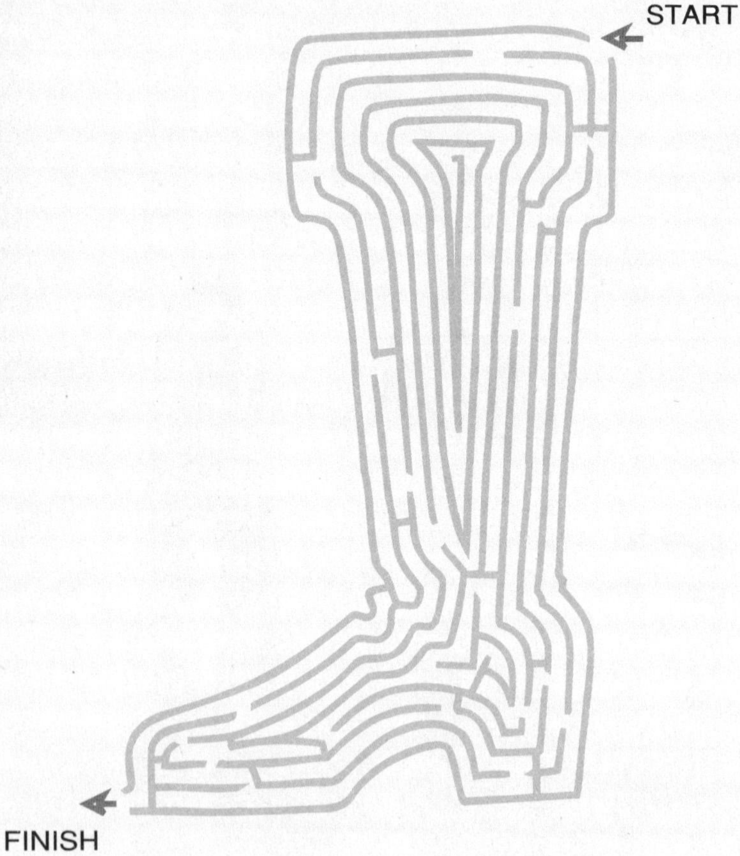

주변의 과학

얼음과 물

문 1

얼음에 소금을 타면 어떤 변화가 일어날까요?

① 열이 발생하여 얼음이 금방 녹는다
② 얼음 색깔이 파랗게 된다
③ 얼음 온도가 더욱 낮아진다

문 2

물질은 보통 냉각되면 작아지는데, 물은 냉각되면 어떻게 될까요?

① 부피가 불어난다
② 부피가 줄어든다
③ 부피는 변하지 않는다

답 1

③ 얼음 온도가 더욱 낮아진다

얼음과 소금을 혼합하면 소금이 얼음의 열을 빼앗아갑니다. 그래서 얼음 전체의 온도가 내려갑니다. 얼음과 소금을 3대 1의 비율로 혼합하면 영하 20도 정도가 됩니다. 이처럼 두 개 이상의 물질이 섞이면 온도가 낮아지는 물질을 '한제'라고 합니다.

답 2

① 부피가 불어난다

물은 냉각되어 얼음이 되면 부피가 불어납니다. 이것은 매우 희귀한 일입니다. 물 이외의 물질은, 냉각되어 고체가 될 때는 부피가 줄어듭니다.

우유의 비밀

문 3

우유를 데우면 표면에 엷은 막이 생기는데, 그것은 무엇일까요?

① 칼슘
② 단백질
③ 지방분

문 4

우유가 들어 있는 컵 속에 우유를 한 방울 떨어뜨리면, 순간적으로 어떤 모양이 나타납니다. 무슨 모양일까요?

① 다이아몬드
② 왕관
③ 버섯

답 3

② 단백질

표면에 생기는 막은 단백질이 굳어진 것으로, 의외로 단단합니다. 단백질은 열을 가하면 굳어지는 성질이 있습니다. 계란 성분도 주로 단백질이므로 삶으면 굳어지는 것입니다.

답 4

② 왕관

우유 속에 우유를 한 방울 떨어뜨리면 우유는 왕관 모양으로 튀깁니다. 그런데 이것은 1만분의 1초라는 아주 짧은 시간에 일어나는 현상이므로, 특수 카메라가 아니면 순간 포착이 어렵습니다.

불꽃의 색깔

문 5

양초나 성냥의 불꽃은 붉은 부분과 푸른 부분으로 나누어져 있습니다. 그 중에서 어디가 가장 뜨거울까요?

① 바깥쪽
② 안쪽
③ 어디나 같다

문 6

가스 버너의 불을 보면 붉은 불꽃과 푸른 불꽃이 있습니다. 불꽃의 색깔에 대해 올바른 설명은 다음 중 어느 것일까요?

① 파란 불꽃은 공기가 부족하다
② 붉은 불꽃은 공기가 부족하다
③ 불꽃의 색깔과 공기의 양은 관계 없다

답 5

① 바깥쪽

'겉불꽃'이라고 하는 바깥쪽이 가장 뜨겁고, 한가운데의 불꽃심이 가장 온도가 낮습니다. 양초의 불꽃심 온도는 900도 정도입니다. 속불꽃은 1,200도 정도이고, 겉불꽃은 1,400도나 됩니다. 그리고 밝기는 불꽃심이 가장 어둡고, 속불꽃이 가장 밝은 부분입니다.

답 6

② 붉은 불꽃은 공기가 부족하다

공기 구멍을 막고 가스 버너에 불을 붙이면 붉은 불꽃이 나옵니다. 이것은 공기가 부족하기 때문인데, 공기 구멍을 조절해서 알맞게 공기를 공급하면 안정된 파란 불꽃이 됩니다.

온 도

문 7

쇠를 녹이는 용광로 속은, 2,000도라는 높은 온도가 됩니다. 그런데 반대로 영하 2,000도라는 온도는 있을까요?

① 있다
② 절대로 없다
③ 지구상에는 없으나 우주에는 있다

문 8

부채를 부치면 시원합니다. 그런데 온도계를 부채로 부치면 어떻게 될까요?

① 변하지 않는다
② 내려간다
③ 올라갈 때도 있고 내려갈 때도 있다.

문 9

질긴 종이로 냄비를 만들어서, 그 안에 물을 붓고 물을 끓이려고 합니다. 과연 어떻게 될까요?

① 종이가 타서 물이 흘러내린다
② 물은 끓어 뜨거워지고, 계속해서 끓는다
③ 끓는 순간 종이가 타기 시작한다

답 7

② 절대로 없다

영하 273도가 최저이고, 그보다 낮은 온도는 없습니다.

답 8

③ 올라갈 때도 있고 내려갈 때도 있다

방 안이 따뜻한 곳과 차가운 곳이 있을 경우에는 온도계도 올라갔다 내려갔다 합니다. 물에 젖어 있는 부채로 온도계를 부치면 온도계의 온도는 내려갑니다.

답 9

② 물은 끓어 뜨거워지고, 그대로 계속해서 끓는다

물은 끓어도 100도밖에 되지 않지만, 종이가 타는 데는 100도보다 더 높은 온도가 필요합니다. 그러므로 종이 냄비에 물이 있을 때까지는, 종이는 타지 않습니다. 물이 모두 증발해 버리면 종이는 타 버립니다.

소리가 전달되는 속도

문 10

공기 중에서 소리가 전달되는 속도는 보통 초속 340미터입니다. 그러면 큰 소리와 작은 소리는 어느 쪽이 빠를까요?

① 큰 소리　② 작은 소리
③ 같다

문 11

소리가 전달되는 속도는 전달하는 것에 따라 다릅니다. 다음 중에서 가장 빨리 전달되는 것은 어느 것일까요?

① 공기 속　② 물 속
③ 진공 속

문 12

산에 올라가서 '야호' 하고 소리를 지르면, 역시 같은 소리로 '야호' 하고 메아리가 되돌아오는 경우가 있습니다. 그것은 어째서일까요?

① 누군가가 되받아 소리를 지르니까
② 주변의 산이 소리를 반사하고 있으니까
③ 높은 산에 올라 귀가 멍해져서 잘못 들어서

답 10

③ 같다

소리가 전달되는 속도는 소리의 크기에는 관계가 없습니다. 하지만 온도나 습도, 기압 따위로 속도는 달라집니다.

답 11

② 물 속

소리는 밀도가 높은 물질 속일수록 빨리 전달됩니다. 물 속에서는, 공기 중의 4.5배의 속도로 전달됩니다. 그리고 소리는 물질을 진동시켜서 전달되는 것이므로, 아무것도 없는 진공 상태에서는 전달되지 않습니다.

답 12

② 주변의 산이 소리를 반사하고 있으니까

메아리는 소리가 주위에 있는 산 따위에 반사해서 일어나는 현상입니다. 표면이 딱딱하고 매끄러운 것일수록 소리를 잘 반사합니다.

소리의 높낮이

문 13

트럼펫이나 트롬본 따위의 금관 악기는 모두 길쭉한 관을 갖고 있습니다. 그 음들에 대해 올바른 설명을 한 것은 다음 중 어느 것일까요?

① 긴 관을 갖고 있을수록 낮은 음을 낼 수 있다
② 긴 관을 갖고 있을수록 높은 음을 낼 수 있다
③ 음의 높이와 관의 길이는 관계가 없다

문 14

컵에 물을 부은 후 두드려서 소리를 내어 보세요. 컵에 물을 더 부어 나가면, 소리는 어떻게 변할까요?

① 음은 높아진다
② 음은 낮아진다
③ 변하지 않는다

답 13

① 긴 관을 갖고 있을수록 낮은 음을 낼 수 있다

낮은 음을 내기 위해서는 긴 관이 필요합니다. 그러므로 높은 음을 내는 트럼펫보다도 낮은 음을 내는 트롬본 쪽의 관이 깁니다. 더 낮은 음을 내려면, 관을 몇 겹으로 빙빙 감으면 더욱 긴 관이 됩니다.

답 14

② 음은 낮아진다

컵 속의 물이 불어날수록 음은 낮아집니다. 그러나 맥주병일 경우에는 물이 불어날수록 음이 높아집니다.

무게와 길이

문 15

같은 무게의 물체를 서울과 제주도에서 달았을 경우, 무게는 같을까요?

① 같다
② 제주도에서 단 것이 무겁다
③ 서울에서 단 것이 무겁다

문 16

높은 곳에서 물체를 떨어뜨리면, 무거운 것과 가벼운 것 중 어느 쪽이 빨리 떨어질까요?

① 무거운 것
② 가벼운 것
③ 떨어지는 속도는 같다

문 17

길이의 단위를 나타내는 1미터는 무엇을 기준으로 하고 있을까요?

① 사람의 키
② 사람이 걷는 보폭
③ 지구의 크기

답 15

③ 서울에서 단 것이 무겁다

지구에서는 장소에 따라 중력이 다르기 때문입니다. 북으로 갈수록 중력이 강해져서 무거워지고, 높은 곳으로 올라갈수록 중력은 약해져서 물체는 가벼워집니다.

답 16

③ 떨어지는 속도는 같다

물체가 떨어지는 속도는, 물체의 무게나 크기에 관계 없이 모두 같습니다. 이탈리아의 과학자 갈릴레이가 이 법칙을 증명했습니다. 그러나 공기 중에서는 공기의 저항이 있기 때문에 완전한 실험을 할 수 없습니다. 진공 상태에서 실험하면, 반드시 같은 속도로 떨어집니다.

답 17

③ 지구의 크기

1미터는 지구의 자오선 길이의 4천만분의 1입니다. 이것을 기준으로 미터법이 정해졌는데, 1799년부터 프랑스가 사용하기 시작했습니다. 그 때까지는 몸의 크기를 기준으로 단위가 사용되고 있었으나, 체격이 다르면 단위까지 달라지므로 매우 불편했습니다. 영국 런던의 그리니치를 지나는 자오선을 본초 자오선이라고 합니다.

지구의 북극과 남극을 지나는 남북의 선을 자오선이라고 합니다. 날줄(경선)을 나타내는 말이기도 합니다. 런던의 그리니치를 지나는 자오선을 본초 자오선이라고 합니다. 자오선의 '자'와 '오'는 12지에서 딴 이름으로서 '자'는 북쪽, '오'는 남쪽을 가리킵니다.

전기 제품

문 18

텔레비전의 음량을 너무 크게 하면, 이웃에게 소음 공해가 됩니다. 그런데 소리를 크게 하면 전기 요금은 비싸질까요?

① 매우 비싸진다
② 약간 비싸진다
③ 전혀 차이가 없다

문 19

냉장고는 어떻게 식료품을 냉각시킬 수 있을까요?

① 냉장고 속에 큰 얼음 덩어리가 들어 있어서
② 파이프 속에 물이 흐르고 있어서
③ 특수 가스가 흐르고 있어서

문 20

보통 전등은 곧바로 켜지는데, 형광등은 시간이 걸리는 것은 무엇 때문일까요?

① 관이 길어 전기가 전도되는 데 시간이 걸려서
② 가스를 가열하는 데 시간이 걸려서
③ 불빛에 눈이 부시지 않도록 일부러 늦게 켜지도록 해 놓았으니까

답 18

② 약간 비싸진다

텔레비전을 큰 소리로 들으면 작은 소리로 듣는 것보다 전기가 더 많이 흐릅니다. 그러나 커다란 차이는 나지 않습니다. 소리를 크게 해도 전기 요금은 그다지 걱정할 정도는 아니지만, 이웃에 폐를 끼치게 되니까 조심하도록 합시다.

답 19

③ 특수 가스가 흐르고 있어서

냉장고에는 프레온이라는 물질이 이용되고 있습니다. 이 프레온은 가스가 될 때, 많은 열을 빼앗는 성질이 있습니다. 그래서 냉장고 속의 온도가 내려가는 것입니다.

답 20

② 가스를 가열하는 데 시간이 걸려서

형광등의 관 안에는 아르곤 가스와 수은이 들어 있습니다. 그리고 아르곤 가스가 가열되면 빛을 내도록 만들어져 있습니다. 따라서 작은 전구로 가스를 가열하지 않으면 불이 켜지지 않는 것입니다.

엘리베이터

문 21

엘리베이터 안에서는 절대 심한 행동을 하지 말라고 합니다. 만일 엘리베이터 안에서 과격한 행동을 하면 어떻게 될까요?

① 그냥 그대로 작동한다
② 그 자리에서 멈추어 버린다
③ 줄이 끊어져 떨어져 버린다

문 22

엘리베이터로 내려가기 시작할 때, 몸이 뜨는 듯한 느낌이 듭니다. 그 때 체중계에 올라가 있으면 눈금은 어떻게 될까요?

① 바늘이 가벼운 쪽으로 움직인다
② 바늘이 무거운 쪽으로 움직인다
③ 눈금은 변하지 않는다

답 21

② 그 자리에서 멈추어 버린다

엘리베이터는 지진 따위의 충격을 느끼면 멈추도록 설계되어 있습니다. 그리고 줄이 끊어져도 바로 멈추어지도록 안전 장치가 되어 있어서 추락해서 격돌하는 일은 없습니다.

답 22

① 바늘이 가벼운 쪽으로 움직인다

엘리베이터가 내려가기 시작하는 순간에는 체중계의 바늘은 가벼운 쪽으로 움직입니다. 그러나 그 후에는 원래대로 되돌아갑니다.

자동차

문 23

현재, 거리를 달리고 있는 자동차의 연료로 쓰이지 않고 있는 것은 어느 것일까요?

① 휘발유
② 석탄
③ 가스

문 24

벼락은 키가 큰 나무나 금속에 잘 떨어집니다. 그러면 자동차를 타고 있을 때 벼락을 맞으면 어떻게 될까요?

① 자동차에는 떨어지지 않는다
② 떨어지면 차에 타고 있던 사람은 모두 감전되어 버린다
③ 떨어지기는 하지만 차 안에 있는 사람은 안전하다

문 25

현재 실존하고 있는 자동차는 다음 중 어느 것일까요?

① 전기 자동차
② 원자력 자동차
③ 수력 자동차

답 23

② 석탄

자동차가 발명되었을 무렵에는 석탄을 동력으로 이용한 자동차도 있었습니다. 현재는 석탄 자동차는 거리를 달릴 수 없습니다. 일반적으로 자동차의 연료는 휘발유나 경유가 중심인데, 택시 연료의 대부분은 LP 가스라고 하는 가스입니다.

답 24

③ 떨어지기는 하지만, 차 안에 있는 사람은 안전하다

벼락은 금속에 잘 떨어지므로 자동차에 떨어지기도 합니다. 그러나 벼락은 자동차의 금속 부분을 통해서 땅 속으로 흘러 들어가기 때문에, 안에 있는 사람은 외부의 금속에 손을 대지 않는 한 안전합니다.

답 25

① 전기 자동차

휘발유를 연료로 하는 자동차와는 달리 공해 걱정을 안 해도 됩니다. 그러나 아직 힘이 약하고 속도가 늦는 등 여러 가지 문제점이 남아 있어, 대량 생산 단계는 아닙니다.

배가 물에 뜨는 원리

문 26

큰 쇳덩어리와 같은 배가 어떻게 물에 뜰 수 있을까요?

① 거품을 내는 합성 수지가 많이 채워져 있어서
② 물에 뜨는 금속으로 만들어져 있어서
③ 배 전체의 무게가 같은 부피의 물보다 가벼우니까

문 27

바람의 힘으로 달리는 요트나 범선은 바람이 불어오는 방향으로 달릴 수 있을까요?

① 달릴 수 없다
② 어떠한 방향으로도 달릴 수 있다
③ 비스듬히 45도 정도까지는 달릴 수 있다

문 28

옛날 배에는 무선 따위는 없었습니다. 그러면 주위에 섬이나 육지 등의 목표물이 없는 바다 위에서는 어떻게 달리는 방향을 알 수 있었을까요?

① 육지가 보일 때까지 파도에 맡긴다
② 새나 물고기 떼를 뒤쫓는다
③ 별을 보고 진행 방향을 알았다

답 26

③ 배 전체의 무게가 같은 부피의 물보다 가벼우니까

배 전체의 무게란, 배 자체의 무게와 배 안에 있는 공기의 무게를 합한 것입니다. 이 배 전체의 무게가 같은 부피의 물의 무게보다도 가볍기 때문에 배는 물에 뜨는 것입니다. 그러나 배 안에 물이 가득 들어가 버리면, 그 물의 무게가 배 전체의 무게에 더해집니다. 그렇게 되면 배 전체의 무게가 같은 부피의 물의 무게보다 무거워져서, 배는 가라앉아 버립니다.

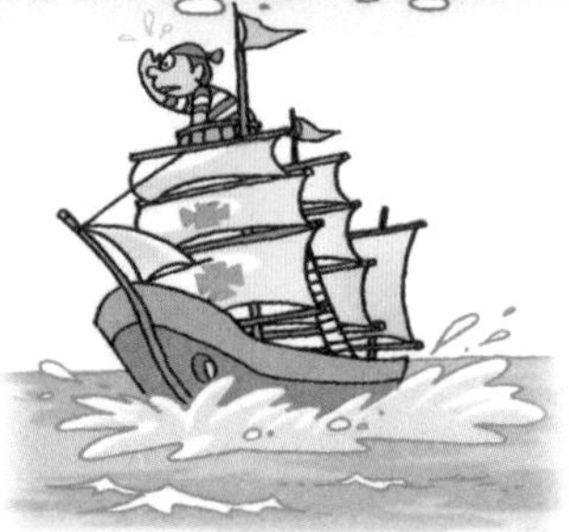

답 27

③ 비스듬히 45도 정도까지는 달릴 수 있다

아래 그림처럼 바람을 향해서 좌우 45도 정도의 범위라면 달릴 수 있습니다. 그러나 그러기 위해서는 돛을 조작하는 데 능숙한 기술이 필요합니다.

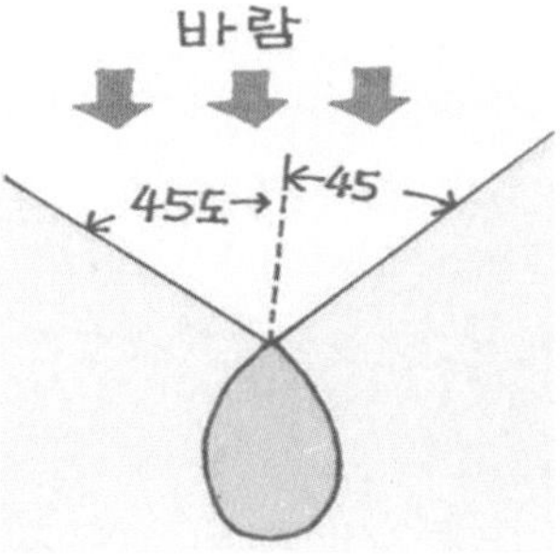

답 28

③ 별을 보고 진행 방향을 알았다

옛날의 뱃사람들은 별의 위치를 매일 밤 정해진 시간에 계측하여, 자기들이 있는 위치나 목적지를 알았습니다. 현재는 자석이나 레이더를 이용하여 자기의 위치나 목적지를 알아 내는데, 역시 별의 위치도 참고하고 있습니다.

비행기

문 29

금속으로 만들어진 비행기가 하늘을 날 수 있는 것은 무엇 때문일까요?

① 공기보다 가벼운 가스를 싣고 있으니까
② 날개가 새의 날개처럼 날개치기 때문에
③ 공기가 날개를 밀어올리니까

문 30

비행기 제작에 사용되고 있는 철판의 두께는 어느 정도일까요?

① 2밀리미터 정도
② 5센티미터 정도
③ 50센티미터 정도

문 31

비행장에서, 비행기에 손님이 오르내리는 장소를 무엇이라고 할까요?

① 파킹
② 에이프런
③ 키칭

답 29

③ 공기가 날개를 밀어올리니까

비행기의 날개는 속력이 빨라지면 위로` 뜨는 성질이 있습니다. 이것을 '양력' 이라고 하는데, 이 양력에 의해 공중에 뜰 수가 있는 것입니다. 앞으로 나아가는 데는 '추진력' 이라는 힘이 필요한데, 추진력은 프로펠러나 제트 엔진에 의해 만들어집니다. 그러나 속도가 느려지면 양력이 없어져서 추락해 버립니다.

답 30

① 2밀리미터 정도

높은 하늘에는 공기가 희박하므로, 비행기의 기체에는 그다지 힘이 필요하지 않습니다. 그리고 하늘을 날기 위해 되도록 기체를 가볍게 해야 합니다. 그래서 철판의 두께는 2밀리미터 정도로도 충분합니다.

공기
끙

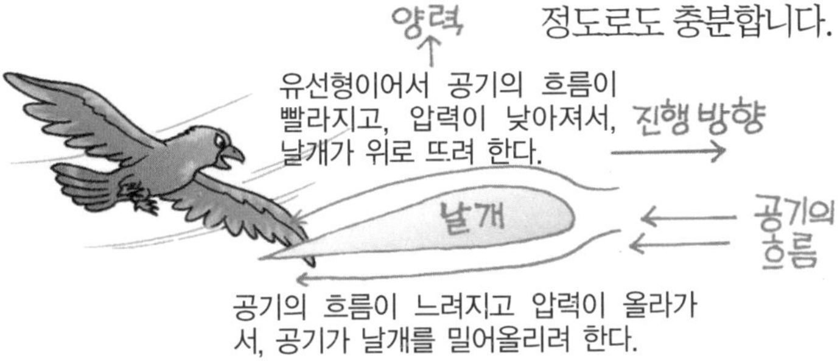
양력
유선형이어서 공기의 흐름이 빨라지고, 압력이 낮아져서, 날개가 위로 뜨려 한다.
진행 방향
날개
공기의 흐름
공기의 흐름이 느려지고 압력이 올라가서, 공기가 날개를 밀어올리려 한다.

답 31

② 에이프런

여기서 승객이 오르내리고, 화물 · 연료 따위를 싣거나 내립니다.

금속의 성질

문 32

금속 중에서도 가장 값비싼 것 중의 하나가 금입니다. 이 금의 성질에 대해 올바르게 설명한 것은 어느 것일까요?

① 전기가 통하지 않는다
② 종이처럼 얇게 늘일 수 있다
③ 가장 무거운 금속이다

금처럼 두분 변치말고 오래 오래 사시라고…
그래 그래 우리 막내딸이 최고다.

설마…

문 33

최근에 어떤 특수한 금속이 개발되었습니다. 어떤 성질을 가지고 있을까요?

① 더운 물에 넣으면 10배가 된다
② 더운 물에 넣으면 형태가 변한다
③ 더운 물에 넣으면 투명해진다

문 34

선로와 선로 이음매에는 틈새가 있습니다. 이것 때문에 열차나 전철이 덜커덩덜커덩 소리를 냅니다. 그렇다면 왜 그 틈새를 메우지 않을까요?

① 비용이 많이 드니까
② 틈새의 소리로 거리를 측정하니까
③ 틈새가 없으면 탈선하니까

답 32

② 종이처럼 얇게 늘일 수 있다

금은 금속 중에서 가장 얇게 늘이거나 가늘게 세공할 수 있습니다. 그래서 종이처럼 얇은 금박을 만들어서, 여러 가지 물건의 겉에 붙이거나 바르는 등 장식을 할 수도 있습니다.

답 33

② 더운 물에 넣으면 형태가 변한다

이 금속은 한번 더운 물 속에서 어떤 모양을 가지면, 공기 중에서 아무리 다른 모양으로 바꾸어도, 그것을 더운 물에 담그면 원래의 모습으로 되돌아가는 성질을 가지고 있습니다. 이것을 '형상기억 합금' 이라고 합니다.

답 34

③ 틈새가 없으면 탈선하니까

여름이 되면 더위 때문에 선로가 팽창합니다. 만일 선로에 틈새가 없으면, 팽창해서 구부러져 버려 열차는 탈선하고 맙니다. 그러나 터널 안은 기온이 안정되어 있어, 선로가 더위 때문에 팽창하는 일이 없으므로 틈새가 없습니다. 최근에는 팽창하지 않는 특수한 레일을 개발하여, 틈새가 없는 선로도 있습니다.

쉬어 가는 곳(미로 퍼즐)

Guitar

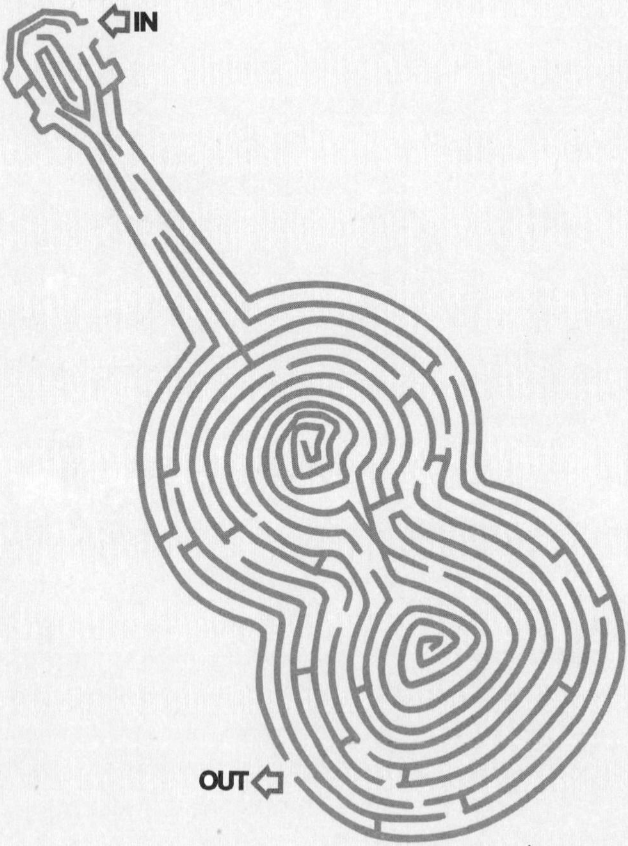

에너지

태양 에너지

문 1

솔라 하우스라는 집이 있는데, 이 '솔라'란 무슨 뜻일까요?

① 태양
② 전기
③ 하늘

문 2

지붕 위에 설치한 태양열 온수기에서는, 물을 어느 정도의 온도까지 가열할 수 있을까요?

① 20도
② 40도
③ 80도

문 3

태양광 발전이란, 태양 광선을 이용해서 발전을 하는 것입니다. 다음 중 태양광 발전 장치가 사용되고 있는 것은 어느 것일까요?

① 탁상식 전자 계산기
② 전화
③ 텔레비전

답 1

① 태양

솔라 하우스란, 태양의 빛이나 열을 충분히 받아들이도록 설계하여 건축한 집입니다. 밤 또는 햇볕이 없을 때를 대비하여, 열을 비축하거나 보조 열원을 비치해 둡니다.

답 2

③ 80도

미국이나 오스트레일리아에서는, 대부분의 가정에서 태양열 온수기를 사용하고 있습니다. 따뜻한 지방의 가정에서는, 1년 중 8개월 이상 온수기를 이용할 수 있습니다.

답 3

① 탁상식 전자 계산기

태양 전지를 사용한 전자 계산기에는, 태양광을 전기로 변환시키는 장치가 가동되고 있습니다.

지금충전 중이야.
글쎄… 그런다고 그 텅빈 머리가 채워질까…

바다의 에너지

문 4

파도의 높낮이에서 나오는 힘을 이용하여 발전을 할 수 있을까요?

① 불가능하다
② 아직 시험 단계이다
③ 실제로 이용되고 있다

문 5

바다의 조수가 밀물이 되거나 썰물이 되거나 하는 힘을 이용하여 발전하는 것을 조력 발전이라고 하는데, 실제로 맨 처음 사용한 나라는 어디일까요?

① 러시아
② 프랑스
③ 캐나다

문 6

물은 100도면 끓는데, 온도차 발전에 사용하는 암모니아나 프레온의 액체는 몇 도 정도에서 끓을까요?

① 28도 ② 58도 ③ 88도

답 4

③ 실제로 이용되고 있다

이것을 파력(파도의 힘) 발전이라고 합니다. 현재는 항로 표지 부표나 해상 표지 부표 따위에 사용되고 있습니다. 망망 대해에 떠 있는 부표가 빛을 내고 있는 것은, 이 파력 발전을 이용한 것입니다.

파력 발전에 의한 항로 표지 부표의 구조

파도가 높아지거나 낮아지면, 공기의 흐름이 터빈에 작동해서 발전이 되도록 만들어져 있습니다.

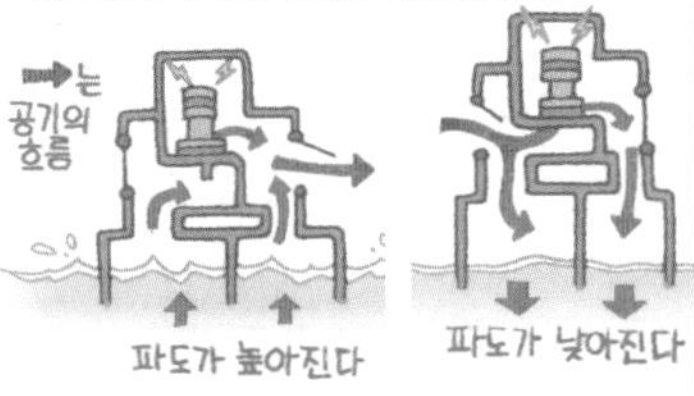

답 5

② 프랑스

프랑스에서는 이미 1967년부터 조력 발전을 하고 있습니다. 하구와 바다를 막아서 만든 발전소 안은, 밀물이 되면 바닷물이 하구 쪽으로 흐르고, 썰물이 되면 하구에서 바다 쪽으로 흐릅니다. 그럴 때마다 발전기의 물레방아를 돌려 발전하는 것입니다. 프랑스의 랑스 강에 있는 조력 발전소가 세계 최초의 것입니다.

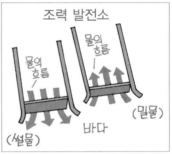

조력 발전소

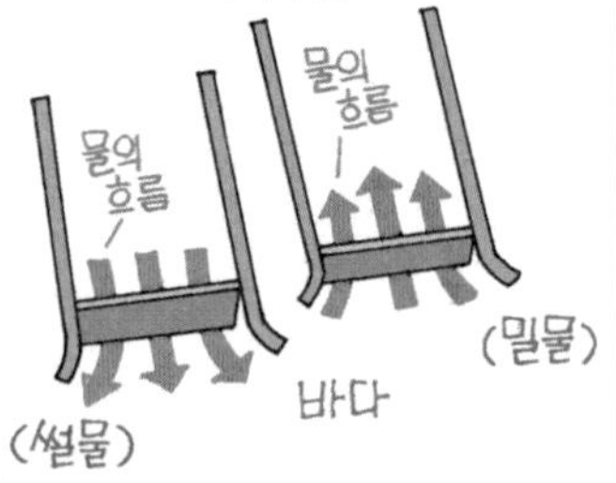

답 6

① 28도

온도차 발전에서는 바다 표면의 따뜻한 물을 퍼올려서, 그 온수로 암모니아나 프레온 등을 증발시킵니다. 그 증기의 힘으로 터빈을 돌려 발전합니다. 그리고 바다 밑에서 퍼올린 차가운 바닷물로, 증기가 된 암모니아나 프레온을 액체로 환원시켜 되풀이해 사용합니다.

바람의 에너지

문 7

바람의 에너지를 이용하는 것에는 네덜란드의 풍차 등이 있습니다. 그런데 교통 기관 중에서 바람의 힘을 이용하는 것은 다음 중 어느 것일까요?

① 자동차
② 철도
③ 배

문 8

최근 세계 여러 나라에서 풍력 발전의 연구가 계속되고 있습니다. 그런데 풍력 발전에 처음으로 성공한 나라는 어디일까요?

① 영국
② 덴마크
③ 네덜란드

문 9

바람의 힘을 이용해서 발전을 하는 것은 풍력(풍차) 발전이지만, 전기의 힘으로 바람을 만드는 것은 무엇일까요?

① 헤어 드라이어
② 믹서
③ 냉장고

답 7

③ 배

처음에는 천을 단 배였습니다. 곧 돛을 단 범선이 나타났습니다. 현재에는 연습용 범선이나 요트가 아직 남아 있습니다.

답 8

② 덴마크

19세기 말경에 덴마크에서 성공했습니다. 세계 각국에서 많은 실험을 하고 있는데, 바람이 불지 않을 때는 어떻게 하는가, 큰 풍차가 돌 때 나는 소리가 시끄러울 때는 어떻게 하는가 등의 많은 문제가 있습니다. 우리 나라도 대관령에 풍력 발전소가 있습니다.

답 9

① 헤어 드라이어

헤어 드라이어는 전기의 힘으로 모터를 돌려 바람을 일으킵니다. 이 같은 것에는 환풍기나 선풍기가 있습니다.

지열 에너지

문 10

지열 발전이란 지하에서 뿜어나오는 고온 · 고압의 증기를 이용해서 발전하는 것인데, 이런 장치와 비슷한 것은 무엇일까요?

① 화력 발전
② 수력 발전
③ 풍력 발전

문 11

지열 발전소는 지하에서 증기를 모으기 위한 우물을 갖고 있습니다. 그러면 우물의 깊이는 어느 정도일까요?

① 100미터 정도
② 1,000미터 정도
③ 2,000미터 정도

문 12

지열 발전을 많이 하고 있는 나라들은 어디일까요?

① 이집트 · 스페인 · 터키
② 중국 · 스웨덴 · 브라질
③ 미국 · 이탈리아 · 필리핀

답 10

① 화력 발전

화력 발전에도 고온의 증기를 만들어 그 증기의 힘으로 발전하므로, 발전하는 장치는 지열 발전과 같습니다.

답 11

③ 2,000미터 정도

대개 2,000미터 정도입니다. 그러나 지하 3,000미터에서 4,000미터 아래에 있는 증기는 더욱 고온 · 고압이므로, 그것을 이용할 수 있다면 더욱 거대한 지열 발전소를 만들 수 있습니다.

답 12

③ 미국, 이탈리아, 필리핀

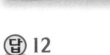

세계에서 지열 발전을 가장 많이 하고 있는 나라는 미국입니다. 이탈리아 · 필리핀도 지열 발전에 주력하고 있습니다. 이 외에도 뉴질랜드 · 멕시코 · 러시아 · 아이슬랜드에서도 지열 발전소가 가동되고 있습니다.

Help the mouse find the cheese.

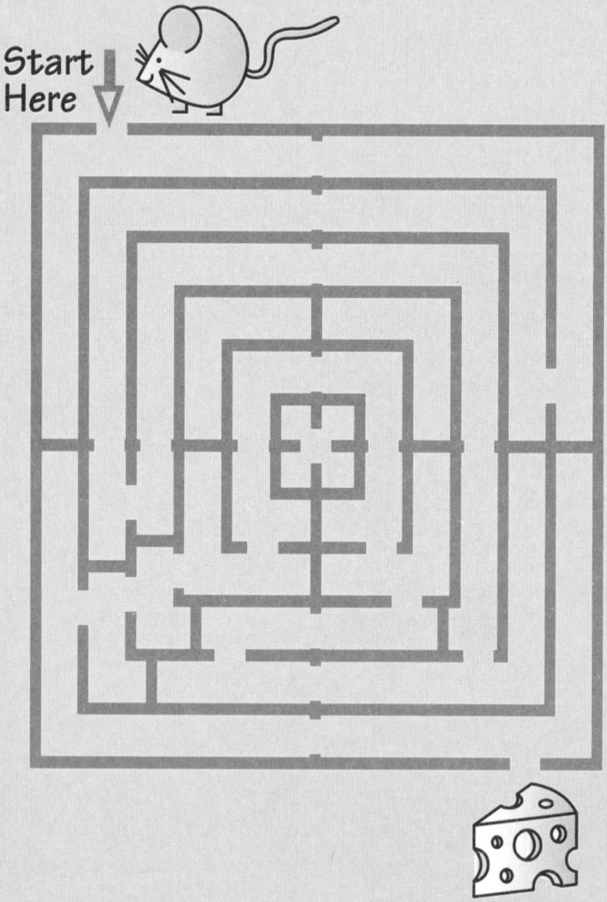

자연의 신비

지구의 모양

문 1

지구는 둥글다고 하는데, 정말로 공 모양을 하고 있을까요?

① 완전한 구형
② 적도 쪽이 긴 원형
③ 북극에서 남극 쪽으로 긴 원형

문 2

지구 전체로 보아 바다와 육지는 어느 쪽이 더 넓을까요?

① 육지
② 바다
③ 비슷하다

문 3

바다에서는 간조(썰물) 때와 만조(밀물) 때는 해안선이 다릅니다. 지도를 만들 때는 어느 해안선을 기준으로 할까요?

① 간조 때
② 만조 때
③ 간조 때화 만조 때의 중간

답 1

② 적도 쪽이 긴 원형

지구 중심에서 적도까지의 거리는 약 637만 6,775킬로미터이므로, 지구 중심에서 적도까지의 거리가 2만 킬로미터쯤 깁니다. 그러므로 지구 모양은 옆쪽이 약간 긴 원형입니다. 하지만 지구 전체로 보면 2만 킬로미터라는 거리는 아주 짧은 것이므로, 지구는 거의 구형이라고 해도 좋을 것입니다.

답 2

② 바다

바다는 지구 전체의 약 70퍼센트를 차지합니다.

답 3

② 만조 때

해안선은 조수의 간만에 따라, 하루 동안에도 모습이 상당히 바뀝니다. 그래서 지도를 만들 때의 해안선은 만조 때의 해안선을 기준으로 하고 있습니다.

높은 산, 깊은 바다

문 4

세계에서 가장 높은 산은 에베레스트 산인데, 높이 8,848미터입니다. 그런데 이 에베레스트란 이름은 어떻게 붙여졌을까요?

① 전설적인 동물의 이름
② 사람의 이름
③ 고산 식물의 이름

문 5

우리 나라에서 제일 높은 산은 백두산인데, 높이 2,744미터입니다. 그러면 두 번째로 높은 산은 다음 중 어느 산일까요?

① 한라산
② 지리산
③ 태백산

문 6

바다 밑은 매우 깊은 곳에 있습니다. 해수욕을 할 때 발을 헛디뎌서 당황한 일은 없습니까? 그럼 바다에서 가장 깊은 곳은 몇 미터쯤 될까요?

① 5천 미터
② 7천 미터
③ 1만 미터

답 4

② 사람의 이름

1852년에 높이를 잴 때, 세계에서 제일 높은 산이라는 것이 판명되었습니다. 그 당시 이 산에는 이름이 붙여지지 않았습니다. 그래서 높이를 잴 때, 인도의 측량 국장 조지 에베레스트라는 사람의 이름을 따서 에베레스트 산으로 이름지었습니다. 나중에 중국이나 네팔측에서 초모룽마라는 이름이 있다는 것을 알았습니다.

답 5

① 한라산

우리 나라에서 두 번째로 높은 산은 제주도에 있는 한라산으로, 높이는 1,950미터입니다. 다음이 지리산(1,915미터)이고, 4위가 태백산(1,567미터)입니다.

답 6

③ 1만 미터

가장 깊은 바다는 태평양의 비티어즈 해연에 있는데, 11,034미터나 됩니다. 만일 에베레스트 산이 이 곳에 옮겨온다면, 완전히 빠져 버릴 정도의 깊이입니다.

세계의 호수와 섬

문 7

세계 최대의 호수는 카스피 해입니다. 그런데, 한반도와 비교한다면 어느 정도가 될까요?

① 한반도의 면적과 비슷하다
② 한반도보다 좁다
③ 한반도보다 넓다

문 8

세계에서 가장 넓은 호수는 카스피 해입니다. 그러면 세계에서 가장 깊은 호수는 어디일까요?

① 카스피 해
② 바이칼 호
③ 빅토리아 호

문 9

세계에서 가장 큰 섬은 어느 것일까요?

① 그린랜드
② 뉴기나아 섬
③ 마다가스카르 섬

답 7

③ 한반도보다 넓다

카스피 해의 면적은 약 37만 1천 평방 킬로미터인데, 한반도의 면적은 22만 840 평방 킬로미터이므로 카스피 해가 훨씬 더 넓습니다.

답 8

② 바이칼 호

바이칼 호의 가장 깊은 곳은 1,742미터, 카스피 해는 995미터, 빅토리아 호는 82미터입니다.

답 9

① 그린랜드

그린랜드의 면적은 217만 평방 킬로미터입니다. 뉴기나아 섬은 세계에서 두 번째로 큰 섬인데, 면적은 약 78만 9천 평방 킬로미터입니다.

세계의 강

문 10

세계에서 제일 긴 강은 다음 중 어느 것일까요?

① 아프리카의 나일 강
② 아메리카의 아마존 강
③ 북아메리카의 미시시피 강

문 11

세계에서 제일 짧은 강을 끝에서 끝까지 달린다면 얼마나 걸릴까요?

① 1일
② 1시간
③ 1분도 안 걸린다

문 12

1958년에 나일 강을 조사해 보았더니 어떤 이상한 것이 발견되었습니다. 다음 중 무엇일까요?

① 나일 강은 인공적인 강이다
② 나일 강의 물은 짜다
③ 나일 강의 지하에 강이 있다

답 10

① 아프리카의 나일 강

아프리카에 있는 나일 강의 길이는 약 6,690킬로미터나 됩니다. 아마존 강은 약 6,300킬로미터, 미시시피 강은 약 6,210킬로미터입니다.

답 11

③ 1분도 안 걸린다

세계에서 제일 짧은 강은 미국 오레곤 주에 있는 디 강인데, 길이는 134미터입니다. 100미터 달리기의 세계 기록 보유자가 달리면 15초 정도면 달릴 수 있다는 계산이 됩니다.

답 12

③ 나일 강의 지하에 강이 있다

나일 강의 지하에는, 물의 양이 나일 강의 6배나 되는 큰 강이 있다는 것이 발견되었습니다.

지형에 대해서

문 13

공사 현장이나 단층 같은 데는 흙이 줄무늬를 이루고 있는 곳이 있습니다. 이런 줄무늬를 무엇이라고 할까요?

① 점토층
② 지층
③ 토층

문 14

종유굴은 빗물이나 지하수가 어떤 암석을 녹여서 형성됩니다. 이 녹는 암석은 무엇일까요?

① 현무암
② 사암
③ 석회암

문 15

오스트레일리아에서는 오가스터스 산이라고 하는 높이 377미터의 작은 산이 있습니다. 이 산을 조사해 보았더니, 실은 산이 아니라 어떤 물체였습니다. 그것은 무엇이었을까요?

① 암석
② 운석
③ 점토

답 13

② 지층

지층의 줄무늬는 한 줄 한 줄 형성된 시대가 다릅니다. 그러므로 지층을 조사하면 옛날의 지구의 역사를 알 수 있습니다.

답 14

③ 석회암

종유굴은, 석회암이 빗물이나 지하수에 녹아 형성되는 카르스트라는 지형의 하나입니다.

답 15

① 암석

길이 8킬로미터, 폭 3킬로미터나 되는 하나의 큰 암석이라는 것을 알아 냈습니다. 이것은 세계 최대의 암석입니다.

땅을 파면…

문 16

여러 가지 에너지의 근원이 되는 석유. 이것은 지하 깊숙한 곳에서 채굴하는데, 도대체 무엇으로 만들어졌을까요?

① 옛날 생물의 시체
② 지하의 암석이 녹은 것
③ 마그마가 굳은 것

문 17

그러면, 석탄은 무엇으로 만들어졌을까요?

① 옛날의 공룡의 시체
② 옛날의 식물
③ 마그마가 굳은 것

문 18

다음 중에서, 본래는 다이아몬드와 같은 것은 다음 중 어느 것일까요?

① 석탄
② 수정
③ 금

답 16

① 옛날 생물의 시체

석유는 석유가 스며들지 않는 지층과 석유를 저장해 두는 지층이 모두 갖추어져야 하므로, 세계에서도 일부 지방에만 있습니다.

답 17

② 옛날의 식물

석탄은 지금으로부터 수억 년 전의 식물로 형성되었습니다.

답 18

① 석탄

시커먼 석탄과 반짝반짝 빛나는 다이아몬드가 같다고는 믿기 어렵겠지요. 그러나 모두가 본래는 똑같은 탄소로 만들어졌습니다. 연필의 심도 원래는 다이아몬드와 같았습니다. 그리고 수정은 유리의 조상격인데, 다이아몬드와는 다른 물질로 만들어졌습니다.

남극과 북극

문 19

남극과 북극은 어느 쪽이 더 추울까요?

① 남극
② 북극
③ 같다

문 20

눈과 얼음으로 덮인 대륙 남극, 그 추운 남극 대륙 중에서 가장 높은 산의 높이를 백두산과 비교하면 어느 정도가 될까요?

① 백두산보다 훨씬 높다
② 백두산과 비슷할 정도
③ 백두산보다 낮다

문 21

만일 남극의 얼음이 모두 녹아 버린다면 어떻게 될까요?

① 현재와 별 차이가 없다
② 우리 나라의 대도시는 거의 바다 속으로 들어가 버린다
③ 지구가 모두 바다가 된다

답 19

① 남극

남극은 남극 대륙이라는 육지인데, 높이가 평균 1,500미터 이상이나 되는 땅 위에 평균 1,600미터 이상의 두꺼운 얼음이 덮여 있습니다. 이에 비해 북극은 북극 해라는 바다인데, 이 바다 표면의 1미터 정도가 얼어서 얼음으로 되어 있을 뿐입니다. 바다는 육지보다 잘 얼지 않으므로 북극은 남극만큼 춥지 않습니다.

답 20

① 백두산보다 훨씬 높다

남극 대륙에서 가장 높은 산은 빈슨 산으로 높이는 5,140미터입니다. 백두산은 2,744미터이므로 약 2,400미터나 빈슨 산이 더 높습니다.

답 21

② 우리 나라의 대도시는 거의 바다 속으로 들어가 버린다

남극의 얼음이 모두 녹아 버리면, 지구의 바닷물은 현재보다 60미터에서 90미터는 높아집니다. 만일 그렇게 된다면 우리 나라의 대도시는 거의 바다 속으로 들어가 버립니다.

지구의 수수께끼

문 22

남극이나 북극에 가면, 하늘에 빛의 띠를 볼 수 있다고 합니다. 이것을 무엇이라고 할까요?

① 오라
② 오로라
③ 레인보

문 23

위도가 높은 지방에서는, 계절에 따라 밤이 되어도 해가 지지 않는 날이 계속되는 경우가 있습니다. 이런 밤을 무엇이라고 할까요?

① 성야
② 백야
③ 주야

문 24

빙하란 어떤 것일까요?

① 겨울이 되면 어는 강
② 강처럼 얼음이 흐르는 곳
③ 북극이나 남극에 있는 큰 얼음덩어리

답 22

② 오로라

오로라는 극광이라고도 하는데, 남극이나 북극 근방에서 볼 수 있는 빛의 현상입니다. 지구의 남북은 하나의 큰 자석으로 이루어져 있습니다. 그리고 그 자석에 끌려 우주에서 오는 물질이 지구상에서 빛을 내어 오로라가 되어 나타나는 것입니다.

답 23

② 백야

지구는 자전을 하고 있는데, 그 중심이 되는 축이 약간 기울어져 있습니다. 그러므로 옆에서 태양의 빛이 비치면, 아무리 돌아도 그림자가 지지 않는 곳이 있습니다. 이 곳은 하루 종일 해가 비치게 됩니다. 바로 이것이 백야입니다.

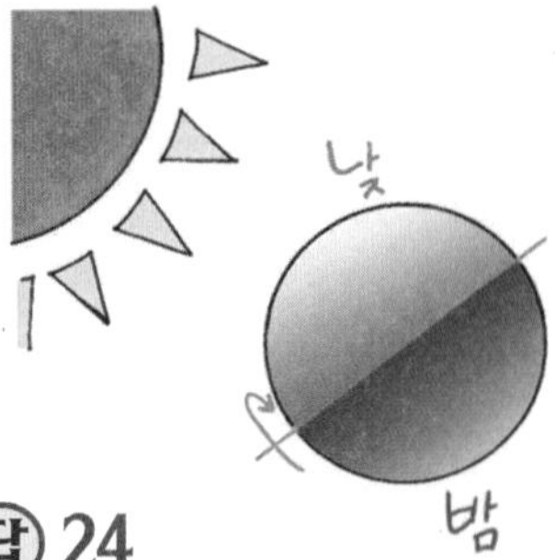

답 24

② 강처럼 얼음이 흐르는 곳

빙하란 땅 위에 쌓인 얼음이나 눈으로 형성되어 있어, 하루에 몇 센티미터씩 움직이고 있는 것을 가리킵니다. 이 얼음의 흐름에 따라, 산이 침식되어 버리는 경우도 있습니다.

비의 수수께끼

문 25

비가 내리는 속도는 다음 중 어느 것과 비슷할까요?

① 천천히 걷는 속도
② 전속력으로 달리는 자전거의 속도
③ KTX의 최고 속도

문 26

비가 내릴 때는 어떤 모양으로 내릴까요?

① ② ③

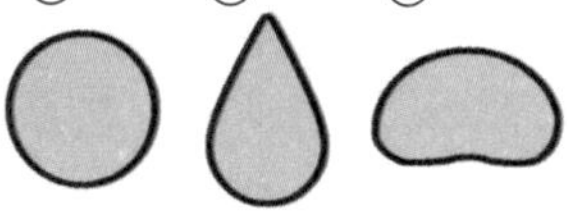

문 27

맑은 날에 비가 내리는 것을 '여우비'라고 합니다. 어떻게 해서 이런 현상이 일어날까요?

① 멀리 있는 구름 속에서 생긴 비가 세찬 바람에 날려 오므로
② 태양에서 비가 내리므로
③ 날고 있는 비행기에서 때때로 물을 뿌리므로

답 25

② 전속력으로 달리는 자전거의 속도

비가 내리는 속도는 대개 초속 8미터(시속 약 30킬로미터 정도)입니다.

답 26

③ 

하늘에서 떨어질 때의 비의 모양은, 위는 둥글고 밑은 평평해서 마치 호빵 비슷한 모양을 하고 있습니다. 이것은 공기의 저항을 받아 아래쪽이 평평해지는 것인데, 큰 빗방울일수록 아래쪽이 더 납작해집니다.

답 27

① 멀리 있는 구름 속에서 생긴 비가 세찬 바람에 날려 오므로

구름이 없는데 비가 오는 경우는 없습니다. 여우비는 멀리 있는 구름으로부터 비가 바람에 날려 온 것입니다. 그리고 높은 하늘에서 비가 떨어지는 동안에 구름이 없어져서 여우비가 되는 경우도 있습니다.

눈의 수수께끼 1

문 28

눈의 결정은 어떤 모양을 하고 있을까요?

① 모두 삼각형
② 모두 육각형
③ 바늘 모양이나 널빤지 모양 따위, 여러 가지 모양이 있다

문 29

1미터쯤 쌓인 눈이 녹아서 물이 괴면, 어느 정도의 높이가 될까요?

① 1미터
② 약 1미터 50센티미터
③ 약 10센티미터

문 30

가루눈과 함박눈은 어떻게 다를까요?

① 산에서 내리는 것이 가루눈이고, 평지에서 내리는 것이 함박눈이다
② 기온이 낮으면 가루눈이 되고, 기온이 높으면 함박눈이 된다
③ 가을에 내리는 것이 가루 눈이고, 봄에 내리는 것이 함박눈이다

답 28

③ 바늘 모양이나 널빤지 모양 따위, 여러 가지 모양이 있다

눈의 결정은 눈이 될 때의 기온이나 습도에 따라, 각각 다른 모양이 됩니다. 미국의 벤트레이라는 사람은 6,000여 종이나 되는 눈의 결정 사진을 촬영했습니다.

답 29

③ 약 10센티미터

눈이 녹아서 물이 되면 약 10분의 1로 감소됩니다. 그러므로 1미터 쌓인 눈이 녹으면 약 10센티미터 높이의 물이 됩니다.

답 30

② 기온이 낮으면 가루눈이 되고, 기온이 높으면 함박눈이 된다

가루눈은 까슬까슬한 느낌을 주며 매우 추울 때 내립니다. 함박눈은 포근한 날씨일 때 내립니다. 함박눈은 내리는 도중에 조금 녹거나 서로 뭉쳐져서 굵직한 모양으로 내립니다.

눈의 수수께끼 2

문 31

아프리카에서 제일 높은 산인 킬리만자로에는 눈이 내릴까요?

① 적도 가까이에 있는 산에 눈이 내릴 리가 없다
② 1년에 한 번 정도 눈이 내린다
③ 1년 내내 녹지 않는 만년설이 있다

문 32

'풍화'라는 것의 정체는 무엇일까요?

① 바람에 날리는 꽃잎
② 풍차
③ 눈

문 33

때때로 노란색의 눈이 내리는 경우가 있습니다. 그것은 무엇 때문일까요?

① 눈의 결정은 본래 노란색이었다
② 눈이 될 때 모래가 섞여서
③ 오줌이 증발해서 눈이 되었기 때문에

답 31

③ 1년 내내 녹지 않는 만년설이 있다

높은 산 정상 부근에는 기온이 낮으므로, 눈이 녹지 않고 만년설이 쌓여 있는 곳이 있습니다. 킬리만자로는 적도 근처에 위치하지만 정상은 만년설로 덮여 있습니다.

답 32

③ 눈

바람이 세차고 날씨가 좋은 날에 하늘에서 펄펄 떨어지는 '여우눈'을 풍화라고 합니다. 이것은 '여우비'와 마찬가지로, 멀리 있는 구름에서 내린 눈이 세찬 바람에 날려 온 것입니다.

이건 여우눈이 아니라 풍화라고 하는거야
나는 여우눈이 제일 무서워~

답 33

② 눈이 될 때 모래가 섞여서

노란색 눈이 내리는 것은, 눈이 될 때 중국에서 날아온 노란색 먼지(모래)가 섞였기 때문입니다. 유럽에서는 아프리카의 사하라 사막에서 날아온 모래 먼지가 섞여서 붉은 눈이 내린 적도 있습니다.

흰 세계의 수수께끼

문 34

겨울의 추운 날, 이른 아침이나 저녁때 비가 내리기 전에 '후두둑' 하고 떨어지는 얼음덩어리를 무엇이라고 할까요?

① 낙빙
② 싸라기눈
③ 우박

문 35

안개의 정체는 무엇일까요?

① 연기
② 아주 작은 먼지
③ 아주 작은 물방울

문 36

나무가 얼음으로 감싸져 있는 듯한 아름다운 수빙, 이것은 나무에 무엇이 붙어서 만들어진 것일까요?

① 눈
② 서리
③ 안개

답 34

② 싸라기눈

싸라기눈은 구름 속에서 만들어진 얼음덩어리에, 아주 작은 물방울이 얼어붙어 생깁니다. 이것이 녹으면 비가 됩니다. 그래서 싸라기눈은 기온이 낮을 때 잘 내립니다.

답 35

③ 아주 작은 물방울

안개는 구름과 마찬가지로, 공기 중의 수증기가 물방울이 된 것입니다. 안개는 물방울이 매우 작아서, 지면에 떨어지지 않고 공기 중에 떠다니는 것입니다.

답 36

③ 안개

차가운 안개가 세찬 바람에 날려, 나무에 부딪쳐 그대로 얼어붙은 것이 수빙입니다.

구름의 비밀

문 37

구름은 왜 하늘에 떠 있을 수 있을까요?

① 공기보다 가벼우니까
② 계속해서 안개를 내뿜고 있으므로
③ 위로 올라가는 공기가 밀어올리고 있으므로

문 38

'비행기구름'이란 어떤 구름일까요?

① 비행기 모양을 한 구름
② 비행기가 날아간 뒤에 엔진에서 나오는 가스 속의 수증기로 만들어진 구름
③ 비행기가 날아간 뒤의 눈의 착각

문 39

높은 하늘의 바람이 강할 때 나타나는 구름으로서, 이 구름이 나타나면 등산을 삼가야 한다는 구름은 무슨 구름일까요?

① 거울구름
② 유리구름
③ 렌즈구름

답 37

③ 위로 올라가는 공기가 밀어올리고 있으므로

구름이 있는 곳에서는 상승 기류라고 하는, 밑에서 위로 올라가는 공기가 반드시 있습니다. 그 공기가 밀어올리고 있으므로 구름은 하늘에 떠 있을 수 있는 것입니다. 위로 올라가는 공기가 없어지면, 구름은 아래로 내려와서 수증기가 되어 사라져 버립니다.

답 38

② 비행기가 날아간 뒤에 엔진에서 나오는 가스 속의 수증기로 만들어진 구름

비행기가 날아간 뒤에, 붓으로 그린 것 같은 흰 구름 줄기가 남습니다. 이것을 비행기구름이라고 합니다.

비행기구름은 엔진에서 나오는 가스 속의 수증기에 의해 생기는 구름입니다.

답 39

③ 렌즈구름

볼록 렌즈 비슷한 모양을 하고 있어, 렌즈 구름이라고 부릅니다.

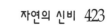

태풍의 수수께끼

문 40

태풍이 불 때, 풍속이 약한 지역은 어디일까요?

① 태풍은 대단히 큰 폭풍우이므로 바람이 약한 지역은 없다
② 태풍이 진행하는 방향의 오른쪽 바람이 약하다
③ 태풍이 진행하는 방향의 왼쪽이 약하다

문 41

'태풍의 눈'이란 무엇일까요?

① 태풍의 가장 비가 많은 곳
② 태풍의 중심으로, 구름이 없는 곳
③ 태풍의 진행 방향

문 42

태풍은 태평양에서 발생하는 것인데, 인도양에서 발생하는 폭풍우는 무엇이라고 할까요?

① 타이푼
② 사이클론
③ 허리케인

답 40

③ 태풍이 진행하는 방향의 왼쪽이 약하다

태풍의 오른쪽은, 태풍의 진행 방향과 중심으로 향해 부는 바람의 힘이 합해져서, 세찬 바람이 붑니다. 태풍의 왼쪽은, 태풍이 진행하는 방향과 중심으로 향해 부는 바람이 서로 충돌해서 바람은 약해집니다.

답 41

② 태풍의 중심으로, 구름이 없는 곳

수면에 소용돌이가 생기면, 중심이 쑥 들어가 보입니다. 태풍은 공기의 소용돌이이므로, 수면과 마찬가지로 소용돌이의 중심에 구름이 없는 곳이 생깁니다. 이것을 태풍의 눈이라고 합니다. 그러므로 태풍의 눈에서는 맑은 경우가 많은 것입니다.

답 42

② 사이클론

인도양에서 발생하는 폭풍우를 사이클론, 대서양이나 북태평양에서 발생해서 미국을 휩쓰는 폭풍우를 허리케인이라고 합니다.

날씨의 수수께끼

문 43

갠 날의 하늘은 어째서 파랄까요?

① 공기의 색깔이 원래 파란색이니까
② 공기는 따뜻하면 파란색이 되고, 추우면 빨간색이 되므로
③ 태양의 일곱 색 중 파란색만 눈에 비치므로

문 44

천둥으로부터 몸을 보호하는 방법으로, 다음 중 옳은 것은?

① 높은 나무 밑에 숨는다
② 몸에서 금속을 떼어 낸다
③ 피뢰침에서 떨어져 있도록 한다

문 45

이른 봄의 기상 현상으로 황사 현상이 있습니다. 황사는 대기 중에 모래와 먼지가 섞여서 하늘이 황색으로 보이는 것입니다. 이 모래 먼지는 어디서 오는 것일까요?

① 고비 사막에서
② 일본 열도에서
③ 중국 북부에서

답 43

③ 태양의 일곱 색 중 파란 색만 눈에 비치므로

태양 광선은 대기를 통과할 때, 먼지 따위와 부딪쳐서 흡수되거나 산란하거나 합니다. 하늘이 파랗게 보이는 것은, 다른 광선은 흡수되어 버리고 파란색만 지상에 남기 때문입니다. 또 저녁해가 빨갛게 보이는 것은 태양이 낮은 곳에 있기 때문에 붉은 광선만 눈에 비치게 되기 때문입니다.

답 44

② 몸에서 금속을 떼어 낸다

천둥이 칠 때는 높은 나무 밑에 있거나 금속을 몸에 지니고 있으면 위험합니다. 또 피뢰침이 있는 건물 안에 있으면 안전합니다. 피뢰침은 높은 건물 등의 꼭대기에 설치하는 쇠막대기로서, 천둥의 전기를 건물로 통하지 않게 하고 지면으로 흐르게 하는 장치입니다.

답 45

③ 중국 북부에서

중국 북부의 '황토 지대'로부터 바람에 의해 공중으로 날아오른 모래 먼지가 대기 중에 퍼져나가 하늘을 뒤덮어 버리는 현상입니다.

이상한 현상

문 46

맑게 갠 날, 아스팔트 도로의 먼 곳에 물 웅덩이가 보여서 가까이 가 보았더니 없어졌다고 하는 현상이 있습니다. 왜 그럴까요?

① 물이 증발해 버렸기 때문
② 더위로 환각 현상이 일어났기 때문
③ 빛의 장난 때문

문 47

다음 중 실제로 일어난 사건은 어느 것일까요?

① 고래가 하늘에서 떨어졌다
② 창이 하늘에서 떨어졌다
③ 물고기가 하늘에서 떨어졌다

답 46

③ 빛의 장난

강한 태양 광선이 아스팔트 도로에 내리쬐면, 아스팔트가 뜨거워져서 주위의 공기를 가열합니다. 이 가열된 공기가 물의 표면처럼 주위의 빛을 반사하므로, 물웅덩이처럼 보이는 것입니다. 이렇게 빛의 장난으로 생기는 물웅덩이 현상도 일종의 신기루입니다.

답 47

③ 물고기가 하늘에서 떨어졌다

강한 비와 함께 조그마한 물고기가 하늘에서 떨어졌다는 기록이 있습니다. 이것은 바다회오리가 바닷물과 함께 물고기를 하늘로 끌어올려, 부근에 떨어뜨린 것입니다.

Pelican

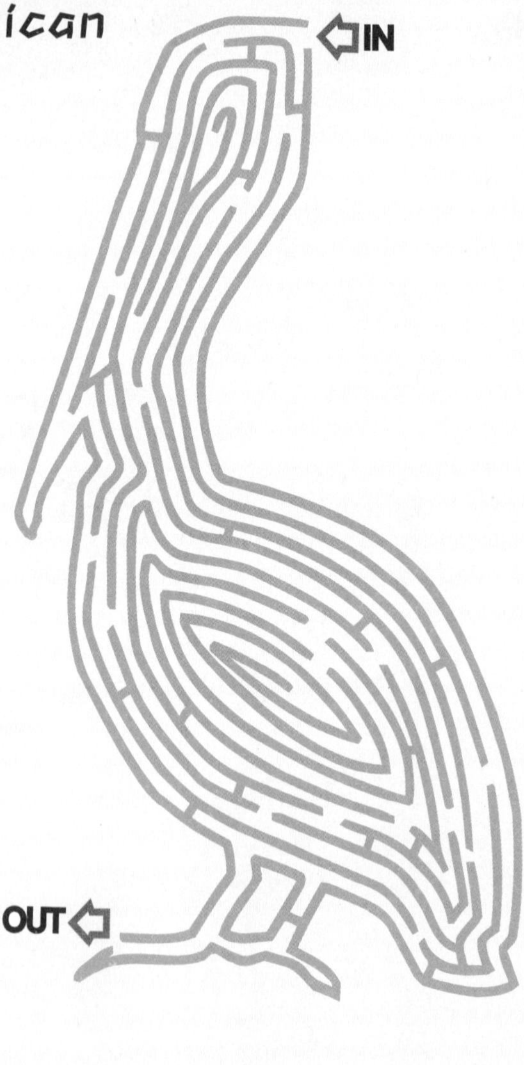

신기한 현상

강낭콩과 유채꽃

문 1

똑바로 뻗어올라간 강낭콩 화분을 화분째로 옆으로 눕혔습니다. 강낭콩 잎과 줄기는 과연 어떻게 될까요?

① 그대로 옆으로 뻗어나가며 자란다
② 위로 구부러져 자란다
③ 아래로 구부러져 자란다

문 2

유채꽃은 매년 봄이 되면 아름다운 노란꽃을 피웁니다. 유채꽃의 꽃잎은 4개, 꽃받침도 4개입니다. 그런데 수꽃술의 수는 몇 개일까요?

① 4개 ② 5개
③ 6개

답 1

② 위로 구부러져 자란다

뿌리는 반대로 밑으로 구부러져 자랍니다. 뿌리처럼 아래로 구부러지는 것을 정(正)의 굴지성, 잎이나 줄기가 위로 구부러지는 것을 부(負)의 굴지성이라고 합니다.

답 2

③ 6개

유채꽃은 4개의 꽃잎, 4개의 꽃받침, 6개의 수꽃술, 1개의 암꽃술로 이루어져 있습니다. 꽃의 아래쪽에는 녹색의 작은 구슬이 4개 달려 있는데, 이것을 꿀샘이라고 합니다. 이 꿀샘에서 꿀이 나옵니다. 벌이나 나비는 이 꿀샘에서 나오는 꿀을 빨아먹으려고 꽃을 찾는 것입니다.

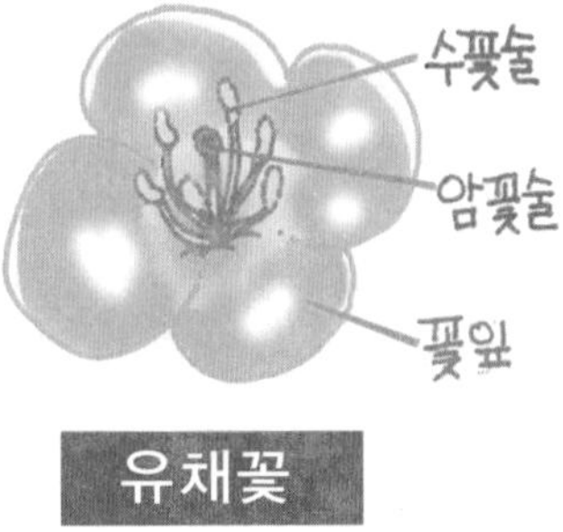

유채꽃

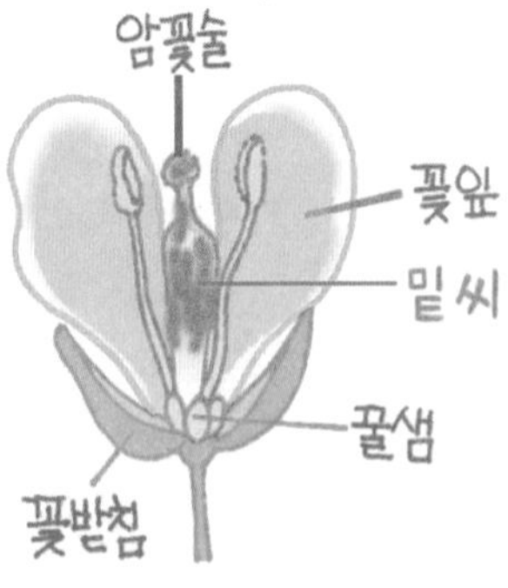

곤충의 수수께끼

문 3

곤충에는 나비 · 풍뎅이 · 잠자리 등 각양 각색의 모양을 한 종류가 있습니다. 그러나 모든 곤충은 어떤 공통된 신체 구조를 갖고 있습니다. 그것은 다음 중 무엇일까요?

① 머리 · 가슴 · 배로 나누어져 있고, 6개의 다리와 4개의 날개가 가슴에 붙어 있다
② 머리 · 가슴 · 배 · 꼬리로 나누어져 있고, 6개의 다리와 4개의 날개가 가슴에 붙어 있다
③ 머리 · 가슴 · 배로 나누어져 있고, 6개의 다리가 가슴에, 4개의 날개가 배에 붙어 있다

① ② ③

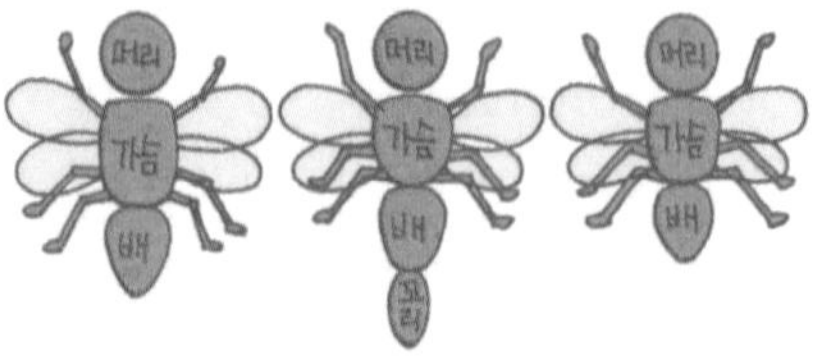

문 4

곤충은 일생 동안 여러 가지로 몸의 모양을 바꿉니다. 그러나 곤충의 종류에 따라 모양이 바뀌는 형태가 조금씩 다릅니다. 다음 중 모양이 바뀌는 형태를 잘못 설명한 것은 어느 것일까요?

① (호랑나비) 알 → 유충 → 번데기 → 성충
② (풍뎅이) 알 → 유충 → 성충
③ (메뚜기) 알 → 유충 → 성충

답 3

① 머리 · 가슴 · 배로 나누어져 있고, 6개의 다리와 4개의 날개가 가슴에 붙어 있다

곤충은 모두 머리 · 가슴 · 배의 3개 부분으로 나누어져 있고, 가슴에 6개의 다리와 4개의 날개가 달려 있습니다. 거미는 다리가 8개이고 날개가 없으므로 곤충이 아닙니다.

답 4

② (풍뎅이) 알 → 유충 → 성충

풍뎅이는 알→유충→번데기→성충의 순서로 변태합니다. 이와 같은 변태 방식을 완전 변태라고 합니다. 그리고 메뚜기처럼, 알→유충→성충의 순서로 변태하는 것을 불완전 변태라고 합니다. 불완전 변태에서는 번데기의 과정이 없고, 유충은 크기는 작지만 성충과 모양이 비슷합니다.

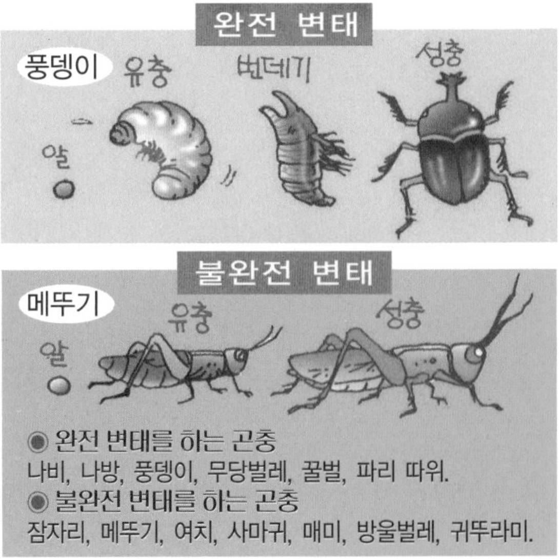

◉ 완전 변태를 하는 곤충
나비, 나방, 풍뎅이, 무당벌레, 꿀벌, 파리 따위.
◉ 불완전 변태를 하는 곤충
잠자리, 메뚜기, 여치, 사마귀, 매미, 방울벌레, 귀뚜라미.

확대경으로 보면…

문 5

확대경으로 가까이에 있는 것을 보면 크게 보이는데, 멀리 있는 것은 어떻게 보일까요?

① 역시 크게 보인다

② 작게 보인다

③ 아래위가 거꾸로이고 작게 보인다

문 6

확대경은 볼록 렌즈인데, 볼록 렌즈는 다음 중 어느 것일까요?

①　②　③

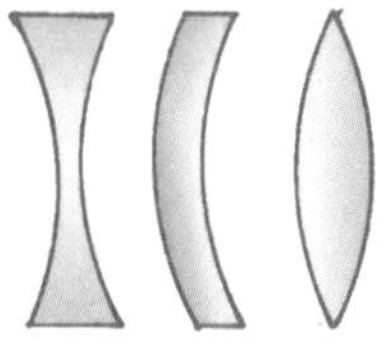

문 7

확대경으로 햇빛을 모아 종이를 태우는 실험을 합니다. 그런데 가장 잘 타는 종이는 무슨 색깔일까요?

① 흰색 종이　② 노란색 종이　③ 검은색 종이

답 5

③ 아래위가 거꾸로이고 작게 보인다

확대경은 볼록 렌즈이므로, 가까이에 있는 것을 보면 똑바로 크게 보이고(정립), 멀리 있는 것을 보면 아래위가 거꾸로 되어 작게 보입니다.

옆의 그림처럼 똑바로 보이는 것을 '정립'이라고 합니다.

《정립》

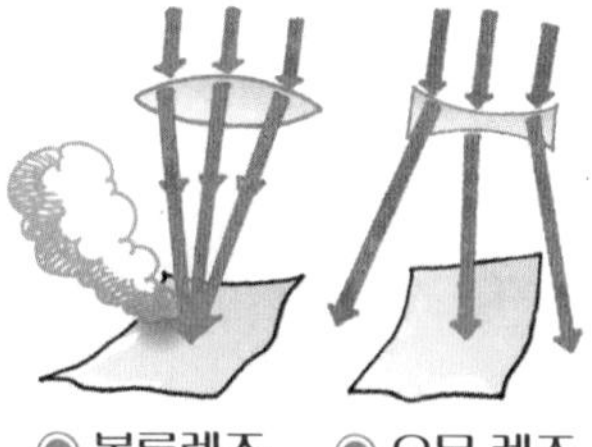

《빛의 진행 방향》

◉ 볼록렌즈
렌즈를 통과하면서 빛이 집중되기 때문에 종이가 탄다.

◉ 오목 렌즈
빛이 퍼져버려 모이지 않으므로, 종이는 타지 않는다.

답 6

③이 볼록 렌즈

①과 ②는 오목 렌즈입니다. 오목 렌즈로 사물을 보면 똑바르고 작게 보입니다. 볼록 렌즈에도 다음 그림처럼 여러 가지 종류가 있습니다.

《렌즈의 종류》

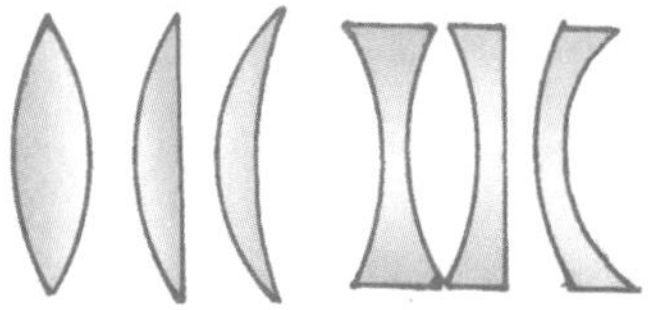

◉ 볼록렌즈
가장자리보다 가운데가 볼록한 것이 볼록 렌즈.

◉ 오목 렌즈
가운데보다 가장자리가 볼록한 것이 오목 렌즈.

답 7

③ 검은색 종이

흰색은 빛을 반사하고, 검은색을 빛을 잘 흡수하는 성질이 있습니다. 여름에 흰 옷을 입는 것은 햇빛을 반사해서 검은 옷보다 시원하기 때문입니다. 그리고 오목 렌즈는 빛이 모이지 않기 때문에 종이는 타지 않습니다.

자석에 열을 가하면?

문 8

막대 자석에 작은 못을 많이 붙게 했을 때, 못이 가장 많이 달라붙는 곳은 자석의 어느 부분일까요?

① 자석의 양쪽 끝
② 자석의 중앙
③ 어느 부분에도 똑같이 붙는다

언니가 자석이냐 매일 꼭 붙어다니게

N극
여기를 자른다
S극

문 9

자석에 열을 가하면 어떻게 될까요?

① N극과 S극이 서로 뒤바뀐다
② 자석으로서의 힘이 없어진다
③ 변하지 않는다

문 10

1개의 막대 자석을 N극과 S극의 한가운데를 자르면, 2개의 막대 자석은 어떻게 될까요?

① 1개는 N극만, 또 1개는 S극만의 막대 자석이 된다
② 2개 모두 N극과 S극 양쪽을 지닌 완전한 막대 자석이 된다
③ 2개 모두 자석의 힘(자력)이 없어진다

답 8

① 자석의 양쪽 끝

막대 자석에 못을 달라붙게 해 보면, 자석의 양쪽 끝에 가장 많이 달라붙습니다. 그리고 중앙으로 갈수록 붙는 힘이 약해집니다.

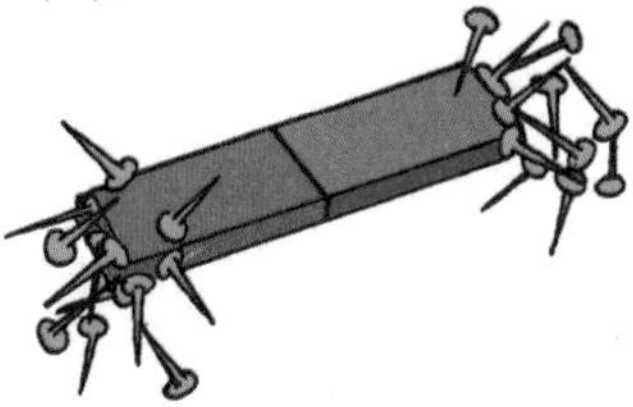

답 9

② 자석으로서의 힘이 없어진다

자석을 불로 가열하면 점점 자력이 없어지게 되어, 마지막에는 자석으로서의 힘이 전혀 없어져서 쇠붙이를 끌어당길 수 없게 됩니다.

우린 자석이 아냐 뜨거울수록 더 꼭 붙어 다니니까…

답 10

② 2개 모두, N극과 S극을 지닌 완전한 막대 자석이 된다

아래 그림의 A 부분은, 2개로 자르기 전까지는 거의 못을 끌어당기지 않았지만, 2개로 잘라지면 강하게 끌어당기게 됩니다.

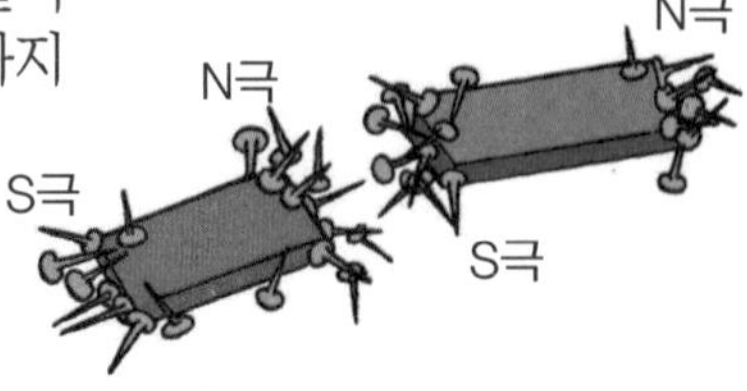

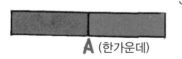

천칭으로 달아 보자

문 11

천칭으로 달았을 때, 양쪽 모두가 기울지 않는 똑같은 무게의 찰흙이 있습니다. 그런데 한쪽의 찰흙은 그대로 두고 다른 쪽의 찰흙만 잘게 잘라서 천칭에다 올려놓으면 어떻게 될까요?

① 잘게 자른 쪽이 가벼워진다
② 잘게 자른 쪽이 무거워진다
③ 전과 같다

문 12

수평으로 균형이 잡혀 있는 천칭의 양쪽에다, 똑같은 무게의 추를 실에 매달았습니다. 그리고는 한쪽 편 추를 매달고 있는 실을 가운데에서 묶어 짧게 했습니다. 자, 과연 어떻게 될까요?

① 실을 짧게 한 쪽이 무거워진다
② 실을 짧게 한 쪽이 가벼워진다
③ 전과 같다

답 11

③ 전과 같다

찰흙은 어떻게 모양을 바꾸어도, 무게는 변하지 않습니다.

답 12

③ 전과 같다

추를 매단 실의 길이를 바꾸어도 추의 무게는 변하지 않으므로 전과 같이 균형이 잡힙니다.

수증기의 정체

문 13

주전자에 물을 끓이면 김이 납니다. 그런데 이 김은 도대체 무엇일까요?

① 주전자가 타고 있는 연기
② 물이 끓어서 증발하는 것
③ 공기가 가열되어서 생기는 아지랑이의 일종

문 14

컵에 차가운 물을 붓고 잠시 있으면, 컵 둘레에 많은 물방울이 맺힙니다. 이 물방울은 어떻게 생겨났을까요?

① 공기 중의 수증기가 컵의 물에 냉각되어 물로 바뀌었다
② 컵 안의 물이 스며나왔다
③ 컵 안의 물이 증발해서 그 수증기가 차가운 컵에 달라붙어 물이 되었다

답 13

② 물이 끓어서 증발하는 것

김이란 곧 수증기입니다. 물이 가열되어 100도가 되면 끓어서 수증기가 됩니다. 반대로 물을 0도로 냉각시키면 얼음이 됩니다. 수증기는 일정한 모양이나 부피가 없습니다. 이와 같은 것을 기체라고 합니다. 물은 어떤 모양의 그릇에도 들어갈 수 있고 일정한 형태가 없습니다. 이와 같은 것을 액체라고 합니다. 얼음은 딱딱하고, 일정한 모양과 부피가 있습니다. 이러한 것을 고체라고 합니다. 수증기와 물과 얼음은 각각 모양과 부피가 다르지만 본래는 모두 같은 것입니다.

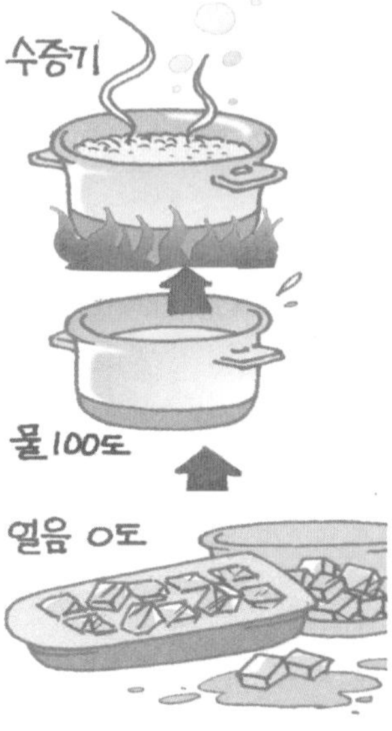

답 14

① 공기 중의 수증기가 컵의 물에 냉각되어 물로 바뀌었다

공기 중에는 많은 수증기가 함유되어 있습니다. 추운 겨울날에 방을 따뜻하게 하면 창문이 흐려집니다. 이것도 방 안의 공기 속에 있는 수증기가 바깥 추위에 식어서, 작은 물방울로 되돌아가 유리창에 달라붙어서 흐려지는 것입니다.

공기의 성질

문 15

빈 병의 주둥이에 동전을 올려놓고 그 병을 두 손으로 감싸쥐고 따뜻하게 만들면, 동전이 달각달각 하고 움직이기 시작합니다. 무엇 때문일까요?

① 자기도 모르는 사이에 손이 떨려서
② 병 안의 공기가 팽창하여, 동전을 밀어 올리기 때문에
③ 병이 따뜻해져서 병의 주둥이의 모양이 변했기 때문에

문 16

찌그러진 탁구공을 본래의 모양대로 만들려면 어떻게 해야 좋을까요?

① 얼음물 속에 넣어서 냉각시킨다
② 뜨거운 물 속에 넣어 따뜻하게 만든다
③ 식초에 담근다

답 15

② 병 안의 공기가 팽창하여, 동전을 밀어 올리기 때문에

공기는 따뜻해지면 팽창하는 성질을 가지고 있습니다. 이 때 동전을 올려놓은 병을 두 손으로 감싸쥐어 병 속의 공기가 따뜻해져서 팽창하여 동전을 밀어 올렸기 때문입니다.

답 16

② 뜨거운 물 속에 넣어 따뜻하게 만든다

이것은 공기가 가열되면 팽창한다는 성질을 이용한 것입니다. 또한 반대로, 공기는 냉각되면 축소되는 성질을 갖고 있습니다.

잠자고 있을 때

문 17

사람은 잠자고 있을 때는 누구나 몸을 뒤척입니다. 왜 그럴까요?

① 꿈 속의 동작을 그대로 하니까
② 몸이 마비되지 않도록 하기 위해서
③ 잠자고 있는 동안에도 운동을 하지 않으면 운동 부족이 되니까

문 18

사람은 잠잘 때 꿈을 꿉니다. 그러면 8시간을 잔다고 보면, 하룻밤에 몇 번쯤 꿈을 꿀까요?

① 1~2번
② 5~6번
③ 9~10번

답 17

② 몸이 마비되지 않도록 하기 위해서

오랫동안 똑같은 자세로 있으면, 한 곳에만 체중이 실려 버립니다. 그러면 그 부분이 저려 오므로, 사람은 몇 번이고 몸을 뒤척입니다.

답 18

② 5~6번

잠에는 몸만이 잠잘 때와 뇌와 몸이 모두 잠잘 때가 있습니다. 사람이 잠들면, 먼저 몸만 1~2시간 잠자다가 그 다음에는 뇌와 몸이 모두 잠자는 상태가 20~30분 동안 이어집니다. 이것이 계속 반복됩니다. 그리고 몸만이 잠자고 있는 20~30분 동안에 꿈을 꾸므로, 사람은 하루에 5~6번 꿈을 꾸게 되는 것입니다.

퀴즈 잡학백과 사전(저학년)

펴낸이/이홍식
발행처/도서출판 지식서관
등록/1990.11.21 제96호
주소/경기도 고양시 덕양구 벽제동 564-4 우412-510
전화/031)969-9311(대)
팩시밀리/031)969-9313
e-mail/jisiksa@hanmail.net

초판 1쇄 발행일 / 2009년 2월 5일